佛陀教你
集中注意力的秘訣

實用的初期佛教長老的開示

ブッダの集中力

斯里蘭卡初期佛教長老

蘇曼那沙拉　著

Alubomulle Sumanasara

朱永泉　譯

鴻儒堂出版社發行

目錄

第7章 感情的集中注意力……69

第12章　禪定的境界

序 文

大家都知道「集中注意力」的用語吧?用英文來講就是「Concentration」，是經常使用的單字吧!大家聽到「集中注意力」時，你會怎麼想呢?大概是「集中注意力」等於「很好的事情」吧?用比較低調一點的表現方法也會想「集中注意力不是壞事」吧?研究心理學的專家也說「集中注意力是好的事，是很重要的事」。一般來說「集中注意力是好事」已經是固定想法了。這個固定的概念是從體驗來的，因為已經實驗過，所以不能說不對。

事實上「集中注意力是很好的事」並沒有錯，有「集中注意力」的話，讀書也會進步，很多的知識都會迅速學到。

準備升學考試的書時能夠發揮集中注意力，有可能突破難關考上好學校。運動也一樣，有「集中注意力」的話，難度高的技巧也能學會，很痛苦的練習也能過突破，在比賽中也能得高分，參加奧運的話，拿金牌也不是夢呢!

相反來講，再怎麼樣天才的運動選手沒有「集中注意力」就糟糕了。平常不困難的技巧都做不出來，完全不精采。有「集中注意力」的話，能力就會提高，效率也會上升，不管什麼困難的事情都能過挑戰過關。換言之，有「集中注意力」的話，人會幸福，真是「什麼都可實現的幸福秘訣」。

「集中注意力」就是那麼好的東西。所以不管誰都認為有優越的集中注意力就好了。如此一來大家都會幸福，世界中所有的人都幸福，世界就會變成很美好吧！

但是有問題。那麼棒而且有用的「集中注意力」，是很難得到，而且不能自由運用，這是很大的問題。想要得到但是得不到，自己又不能自由使用，「集中注意力」完全不受自己控制。

但是為什麼「集中注意力」不能自由地控制呢？本書將會說明清楚。究竟「集中注意力」是什麼呢？讓我明確說明真相。

我一直等待心理學家來剖析「集中注意力」的謎題。期待在良好的研究環境中，用最新設備，大量的調查，有一天會發表研究報告，但是從來沒有那樣的跡象，研究人員沒有聚焦在「集中注意力」、只是熱心研究沒有「集中注意力」的狀態，也就是心裡生病的狀態。從腦功能到遺傳因子等，進行各式各樣研究。

這是有一點奇怪，只要有「集中注意力」的話，事情都會做得很好，誰都想要知道的事，卻不去研究。

佛教對集中注意力有明確答案，也教導大家去了解集中注意力的結果、管理方法及培養方法。佛陀仔細研究過心的作用及功能。經常說：佛教的終極目標是解脫及開悟，那是佛教最基本的事，那麼解脫之路是什麼呢？那是提高心的能量，提高、再提高，提高到極點後智慧就會開的情形。佛陀講的就是開智慧的方法論，換句話說，佛教實踐的事就是培養心裡到達解脫境界的地步，佛陀明確找到培養那種心理的鍛鍊方法。

換言之，形成解脫心的方法可以說是「集中注意力鍛鍊法」。所以佛陀留下的經典中記載著現代科學都趕不上的培養集中注意力的理想方法論。

本書中我要講的是從佛教的觀點來解說「集中注意力」。那是很管用的「集中注意力鍛鍊法」，但是並非一定要學習解脫或開悟。不必勉強自己對上述二項有興趣或關心，只是請了解這種方法是無與倫比的終極方法，實行也沒有壞處。

將分成二個大主題來說明。首先講為什麼不能自由使用「集中注意力」呢？以及不能自由使用「集中注意力」非常危險的事。接著講怎麼培養「集中注意力」，將具體解說那些方法。

I

危險的集中注意力

第1章　何謂集中注意力

「集中注意力」是心專注對象的狀態

首先來講「集中注意力」是怎麼一回事，理解其架構就能夠培養「集中注意力」。能夠培養集中注意力訣竅，就可以自由應用，就能夠獲得「集中注意力」。

究竟「集中注意力」是什麼東西呢？它的定義是什麼呢？可以用一句來說「心裡進入一個東西中緊緊被黏住變成不能離開的狀態」，這個就是集中注意力的真相。

再詳細解釋吧！某一個「對象」進到心裡的時候，那「對象」把心緊緊黏住，那個狀態就是「有集中注意力的狀態」。

也有相反的狀態。心裡喜歡搖來搖去，動來動去，散來散去，一瞬間都沒有停頓狀態。一直被不停進來的很多種「對象」捉弄，這種狀態就是「沒有集中注意力狀態」。

給你們舉一個例子吧。例如你在讀某本書。自己讀到某個地方，但是你旁邊有人講話。在那狀況下一直讀書，過一陣子我們來確認一下。讀書中他有沒有聽到人家的對話呢？如果他說「完全沒有聽到說什麼話題，連他們在講話也不曉得」的話，那就是讀那本書時「集中注意力起作用」。心放在對象的書，心都緊緊黏住，都完全沒有動到別的地方，沒有離開過書本。

相反的狀態就是「沒有集中注意力的狀態」。雖然在讀書，完全不能認真讀文字，耳朵裡聽到人家說話的聲音或聞到味道或有聲音等等，一直都在意那些東西。心裡一直反應進來的許多東西，想想某些東西後又開始讀書，然後又開始想別的東西，那個狀態就是「完全沒有集中注意力」。

請你一定要好好了解這個「集中注意力」的定義。「集中注意力」是「專注對象」。不是普通的專注程度，已經是「注視」和「迷住」，強力地專注不能分離，那就是「集中注意力」。

沒有「集中注意力」什麼也做不到

經典裡有集中注意力的記載。

「就像人在熟睡的時候，發生洪水，整個村被沖掉一樣，沒有集中注意力的人們（心裡變成混亂狀態的人）會被閻羅王控制」（法句經，Dhammapada47頁）。

「閻羅王」掌管被感情控制重複生老病死，輪迴轉生的事。沒有集中注意力者的人生只是隨波逐流，不能按自己的心意過幸福的生活。

佛陀把「沒有集中注意力」的情形叫「掉舉」。「掉舉」是巴利語（斯里蘭卡，緬甸，泰國佛經用語）叫做「uddhacca」，意思是「漂浮不定」「不鎮定」的意思。心在漂浮不定，混亂的狀態下搖來搖去。心在激烈搖動下，完全不能「集中注意力」。沒有「集中注意力」的話，不能完全掌握對象，也就是說「心裡動搖就不能做什麼」。

例如在心動搖的時候讀書的話，就完全讀不進去。以為在讀書，事實上在想別的事情，一開始讀就注意到別的事情，心裡越來越脫線，再想起昨天誰的話⋯。想到已經跟書沒有關係的事情，那時候，頭腦處於混亂狀態，就像戰爭狀態。那樣一來就不能進步，不能理解讀書的內容，也不能記住。

沒有「集中注意力」的話，心裡浮來浮去，動來動去，不能定下來。稍微有一點事情就被對象的事弄得昏頭轉向。換句話說：「沒有集中注意力」則「心裡處於非常虛弱的狀態」。

「集中注意力」是心的大支柱

那麼心裡有「集中注意力」是什麼樣的狀態呢?對心裡而言，「集中注意力」就像建立在基礎上的支柱一樣。請你想想建房子裡的時候的情況，首先要整地，做好基礎的工程。做好基礎的地盤後，在地盤上再建支柱。大支柱變成那房子的芯，是最粗的支柱，這根支柱建不好就不能蓋房子。有一點地震或颱風來了就會搖來搖去，會倒塌，裝璜或牆壁的顏色等到時候都可以換，但是只有那根大支柱一定要最先就做好。

對心裡而言，「集中注意力」也跟那根大支柱一樣，不可以搖來搖去，或立刻倒塌。

第2章　先天的集中注意力

將集中注意力分類並嘗試來認識它

用一句話來說是「集中注意力」但是事實上可分成好幾種類。有很多方法，會讓心專注（黏住）對象。有好幾種黏住的媒體，黏住的溶劑，也就是漿糊。首先解說什麼是「先天的集中注意力」。

動物的遺傳性「集中注意力」

大家都聽過吧？「腦細胞不發達的生命體只知道被設計的遺傳程式而已」，反過來講

「沒有被遺傳程式設計的東西就完全不知道」。因此動物對於跟自己無關的東西，事先知道的東西以外，都無法理解。

舉一個大家都知道的例子來說明吧。鴨子生出來時最先看到會動的東西就當作父母。如果那是真正鴨子的父母就好，但是那並不一定。如果出生時剛好看到會動的東西，不管那是什麼樣的東西，對那隻小鴨子就會當作父母。一般常講這就是「胎教現象」。那東西被植入頭腦裡後，怎麼糾正小鴨說「真正的母鴨是這一隻」牠也不聽。最先被植入腦裡後很難糾正，因為那是被設計到遺傳的程式傳下來的。除了這程式以外，沒有其他東西可以被接受。

另外用貓的例子來說吧！養貓的人都知道，貓對於會動的東西很有興趣。但對於不動的東西，幾乎都沒有興趣，再怎麼樣奇怪的形狀，都裝著不知道。從旁觀的角度來看，讓人以為貓好像看不到那些不會動的東西一樣。這是為什麼呢？從野生狀態的貓來想想看就知道。本來貓會抓動物，對於會動的東西就瞬間反應，為了生存而抓動物。因此對於會動的東西會很敏感反應，那是因為被設計的遺傳程式造成的。

為了生存的先天性心理功能

動物被編入遺傳的因子，所以會有興趣或關心的焦點。然後會針對該對象發揮「集中注意力」。貓躲在草叢中想要抓小鳥時，貓的「集中注意力」非常強烈。眼睛一直盯著不會看其他東西。連身體動也不動。好像沒有存在一樣，瞳孔張開著，整個身體的動作都徹底集中注意力到那個獵物。

有一次我對正在決勝負中的貓講話，輕聲對地講時，牠都不會注意到我。我一直大聲叫，終於牠的眼神注意到我。牠就像那樣用完全「集中注意力」地盯住，那時候很難叫貓中斷「集中注意力」。

但是一旦「集中注意力」中止後，貓就會全部忘掉自己在做甚麼了。如果注意到我的聲音，注意力被轉移，獵物就不知跑到哪裡去了。我跟貓講「你在幹嘛？」「不能殺生」，貓的臉只是「我在做那樣的事嗎？你在說什麼？」。這樣的事情全部都是先天性心理的功能。看到會動的動物就當作父母的事情，或抓獵物，或築鳥巢等，動物們做什麼的時候，都非常地集中注意力，發揮心理功能來完成工作。那些都是該動物特有的東西。某個動物無法理解其他動物的動作。前面說過「沒有被設計在遺傳程式的東西根本不會知道」。另外那些先天性的心理功能、「集中注意力」的架構，後天是不可能改變的。不可能教小鴨子「不是最先看到會動的東西就是父母」。也不可能教貓說「不必殺動物，也有食物吃」。那是動物的本能。別的生物也一樣，蚯蚓只能活在蚯蚓的世界，螞蟻無論到哪裡都是生活在螞蟻的世界。

螞蟻也有「集中注意力」

因為我喜歡觀察生物，所以常常仔細看螞蟻。仔細觀察後就知道一些事情。螞蟻會排隊地遠距離移動，有趣的是牠們不會迷路，不會離開隊伍東奔西跑。螞蟻看不到前面已經走很遠的螞蟻，但是也不會迷路。地上面也沒有標籤，我覺得「很不可思議，為什麼呢？」。

後來漸漸地了解了一件事情。排隊移動時，會發出一種味道，是不是跟隨那個味道呢？我推測牠們似乎藉著味道從巢走到有食物的地方。

我就試著用手指在螞蟻移動的中間的路線上摩擦一下。把土移開的話，那一段就沒有味道。果然如我所料一樣，後面的螞蟻就不會往前走，一下子就停住不動了，一直處在等待狀態。其他後面來的螞蟻也匯合成群了。然後有隻勇敢的螞蟻就站到前面行進。有隻螞蟻往前面走後，其他螞蟻就跟著那隻螞蟻排隊走。這樣一來螞蟻就能夠按照既定方法到達目的地。不會脫離既定的路線。牠們決定「循著那股味道走」就按照「那個味道」走，不會離開。也不會三心二意。心也不會動搖，「集中注意力」的定義就是黏住對象不離開，所以「螞蟻也有集中注意力」。

每一種生物的「集中注意力」不同

每種動物都有為了生存必需的「集中注意力」，但是那個「集中注意力」並不完善。像螞蟻的情形，為了食物就排成一排，往目標走。有大的麵包的話，就共同作業，許多螞蟻幫忙搬食物。那時候牠們不會想「這個麵包也許是陷阱」，也不會想「走到哪裡可能會被噴殺蟲劑」；也不會想「趕快拿食物就逃走」。看到食物後，就想「不管怎麼樣先把食物搬到巢」的「集中注意力」而已。

這種情形跟老鼠不一樣。老鼠面前有食物的話，當然「想要」，但是老鼠有不一樣的做法，會有一種警戒心，首先看看周圍，確認沒有危險後才往食物前面去。所以用毒餌來抓螞蟻是很容易，但是要用那種方法抓老鼠則不是那麼容易。

智能低的人也有「集中注意力」

從這裡開始來講人類。你們會想有「集中注意力」的人是怎麼樣的人物呢？你們會想會讀書的人或會運動的人，或著是有高能力的人吧？換句話講就是「能幹」的人。那麼「集中注意力」就是「能幹」的人的專利嗎？只有那些人才可以使用嗎？不是那樣子。所有的人都有的。用智能低的人來講這個例子吧。智能障礙的人沒有「集中注意力」嗎？那是錯誤的。他們有很好的「集中注意力」！

有智能障礙的人不能想很複雜的事情。例如日常生活中，不會想難懂的哲學，不會想其他的事情，規規矩矩地過生活，每天都重複去做同樣的事。

智能障礙的人只會做固定的簡單工作。我們一下子就覺得無聊不想做，智能障礙的人會負責確實做好人家交待的工作，所以在社會中有他們的工作，而且事實上他們做得很好。

例如在箱子上貼標籤紙，或組合簡單的東西，他們最拿手了。那些單純的作業，只要教他作法就沒有問題，會做得很好。如果複雜地指示說：「請你看箱子裡面的東西。然後判斷裡面的東西能不能當商品。如果判斷那個東西可以拿去賣就貼ＯＫ的標籤紙」，這樣可能很困難吧！

智能不是那麼高的人，有障礙的人，工作的時候，他們的「集中注意力」怎麼作用呢？心會堅固地黏住對象，不會離開對象。裝箱子的話，會很仔細不馬虎地做到底。在一直重複做同樣工作時，有人說「做其他事情吧」他也不會立刻回答。因為很難立刻離開那些「固定、經常、被交待的工作」等「對象」。

換言之，智能障礙的人都有本身具備的「集中注意力」，這就是「先天的集中注意力」。

誰都有「先天的集中注意力」

無論誰都有「先天的集中注意力」，那是為了維持生命的基本力量。為了生存必須有避免死亡的力量。

人沒有先天的「集中注意力」的話，會怎麼樣子呢?大概都會很快死掉。例如頭腦很混亂，變成興奮狀態的人走路時也會沿著道路直直地走。過馬路道的時候，也會加快通過，避免被車撞到，那就是先天的「集中注意力」起作用。

如果變得更加興奮，左右都分不清的混亂狀態就會走到車道，會撞到某些東西。那是很糟糕的，那是失去「集中注意力」狀態。我們一般不會去撞車子，因為人類與生俱來都有「集中注意力」。

不能斷言「先天的集中注意力」是能力

到目前為止已講了不少「先天的集中注意力」。對「先天的集中注意力」愈來愈了解就愈感到「集中注意力是好事」的印象逐漸消失吧？「集中注意力」的定義是「心牢牢黏住對象的狀態」。所以走在路上不會被車撞是很好的「集中注意力」。智能障礙的人們也有單調作業的「集中注意力」。

生物不會沒有「先天的集中注意力」，每個人都有「先天的集中注意力」。為什麼我們有先天的集中注意力是因為要生存，那是為了生存必需的東西。為了要活下去必須避免死亡，所以「集中注意力」不會變通，不會在固定情況之外發生。

如此一來也可以說「集中注意力」是讓自己成長非常有用的「能力」、「寶貝」。同時也可以說是「為了生存必要的東西，但是也是扯後腿、找麻煩的東西」，也可以講是「無能力」。

「先天的集中注意力」要起作用是有條件

出生在日本，在日本長大，在日本生活的話，不會有困難吧？每天的生活裡不會覺得有什麼問題。但是突然有一天沒有任何準備就去國外的話，你怎麼辦呢？例如突然去法國，進到餐廳不曉得怎麼點菜，怎麼辦呢？

日本人也知道一些法國料理的菜單吧！但是很少人能夠很順地念出法文。在法國餐廳裡不可能在菜單上面都註片假名。這是題外話，法文在念的時候，有些跟寫的文字發音不同，很麻煩。自己隨便念出來，人家也不知道那是什麼樣的料理，德文則是照字面來念的話就能夠溝通。即使那樣，也不曉得那個料理的內容。結果就不曉得要怎麼訂餐。

如果是日本料理店的話，第一次進去也沒問題。只要看菜單就知道什麼料理，這沒有任何理由。不管烤肉或火鍋或者「什麼定食餐」，只要看菜單就大概知道。在吃之前就能夠感覺到味道。但是法國料理的菜單再怎麼看都不能理解。只是去法國就覺得完全不一樣，會混亂到不知所措，什麼事也做不了。

這裡我要說的焦點是「集中注意力」，在「不習慣的環境會陷入失去集中注意力狀態」。像日本人突然到法國的餐廳，只要環境稍微變化「先天的集中注意力」就不能對應。

環境會影響集中注意力

用動物來想想看吧！獅子或老虎在自己的環境才會安心。本來要做自己的工作時，適合的環境是很重要的，所以可以說動物園對園裡的動物們都是很困難的場所。被關到籠子不是本來的環境，對於獅子或老虎來講是很殘酷的環境。

此外，有動物園為了給猴子們住而蓋了「猴山」，那「猴山」是用水泥蓋成的山，本來猴子是住在森林裡，不會有高高的水泥山，那個環境給猴子很大的壓力，看起來也不自然。

最近有一個動物園說要做成接近自然環境來養牠們，努力做成像真的一樣。但是從我的角度看來，沒有什麼意義。要設定本來環境的話，餵食物也要自然一點才對。老虎的話，要讓老虎有打獵的樣子，自己抓動物吃才是。只是拿厚厚的肉片給牠，老虎就會感到不自然。

再怎麼樣努力，要在動物園裡維持動物們的「先天的集中注意力」是不可能的。人類做出的動物園的環境裡，動物們不能發揮本來的能力。因此就會懶惰全部都依賴人類。在動物園出生的獅子或老虎或猩猩都會放棄養小孩，從來都沒見過面，那些動物看到自己的小孩子都會嚇一跳吧！可能會覺得不是自己生出來的動物，以為人類放進奇怪的東西吧！就像這樣，先天具備的能力會因環境變化而改變。

在本來的環境中「先天的集中注意力」才會起作用

在自己能夠維持生命的環境才可以發揮「先天的集中注意力」。動物們在森林中才會安定下來，發揮本來俱有的「集中注意力」，發揮本來就有活下去的力量。鳥會用力的叫，老虎會「集中注意力」來抓獵物，努力養牠的小孩到獨立為止，任何動物都會努力地活下去。

就人類而言：剛開始去學校或公司的人，到了那個場所時都講不出話來吧！變得戰戰兢兢一直都不敢開口。那個人回到了家裡後，突然開始滔滔不決地講話。在家裡很會講話，一舉一動像自己很聰明的樣子，但是出門後就一句話也不會講了。

這就是在本來的環境中能夠發揮實力的例子。生物在本來的環境才能過發揮能力。人與生俱來有很多先天的「集中注意力」。為什麼有那些先天的東西呢？那是因為要活下去必需的條件。為了永續生存下去，必須要避免死亡，所以要俱備那個能力。

那我就要問你們：只要環境有一點變了就不能發揮能力的人是「有能力的人」嗎？在家裡很會講話的人，會信口開河也會吵架也會講歪理歪論的人，到了公司或學校就不會講話。那種人有能力嗎？我認為暫時必須歸類為「沒有能力」的人，這是適用全人類或生物的分類法。

體力是也一樣，環境變了就不管用

環境變了就不起作用還有其他的例子。我們在陸地上很有體力，走路，跑步，蹦蹦跳，能夠做很多事情，可以說體力很好。但是進到水裡就怎麼樣呢？會輸給小魚。如果那個小魚攻擊你就很危險人類在水裡不能像小魚一樣游來游去，在水裡活動很困難。如果水中有鯊魚，人類就很危險，人類會被吃掉。但是如果把鯊魚撈到陸上，就一點不可怕了，牠只是自己耍威風作怪而已。鯊魚雖然有尖銳的牙齒，但是什麼也咬不到，不是在水中要咬人也沒辦法咬到。

這不是「集中注意力」的問題，乃是沒有身體能力。每一種生物都有自己生存的身體能力，那是先天與生俱來的東西。然後那些先天的機能要在怎樣的環境下起作用是先天就決定了。「集中注意力」也是一樣。要在每種的生物本來生存環境中才能夠起作用，離開那個環境就不能起作用。

第3章　集中注意力被濫用

被濫用的「先天的集中注意力」

在現在的社會中，「先天的集中注意力」常被濫用。這是非常大的問題。例如心靈控制或匯款詐騙集團等等，這些都是濫用「先天的集中注意力」的功能。

講到這裡，我們知道「先天的集中注意力」是每個人都有的。人會全心全力去做什麼，被什麼樣的東西吸引，只有人最了解。「集中注意力」是心理緊貼對象的狀態，所以就利用那個脫離不了像「穴道」一般的功能來勸誘或騙人。

跟動物不一樣，人類有對「小孩或子孫到怎麼大都會擔心，都想要照顧」的性格。腦海裡不能放開小孩或孫子的事情。處於被黏住的狀態。如果被告知「孫子發生車禍了，今天必須匯入三百萬圓，」的話，就會著急跑去匯錢。這就是人類的先天的能力，「集中注意力」被濫用。

用誇張的甜言蜜語來暗示

例如人會非常陶醉在語言的氣氛之下。聽到某句有影響力的話，或心理被刺激、感動的話，不是話的內容，而是話的氣氛或氣勢會讓「先天的集中注意力」起作用，因為是「先天性」所以會自動起作用。

這是很危險的事情。一直被語言麻醉，內容是什麼都沒關係。不會發現完全不合道理，就被好聽的話，很有氣勢話征服了，一下子就被心靈控制，心裡無法離開那些語言的魅力。

實際上我看過一些基督教的新興宗教組織利用這種機制的傳教方式。在舞台上誇張的叫「神啊！請你無論如何要救這個人」「你看！現在神在看著你！」用很大聲講出來，大家就被感動傻傻地流出眼淚陶醉在其中，變成傻瓜被心靈控制狀態。

在那個氣勢下接著說：「現在大家的身體內是不是感覺有神的存在呢？」「你能感覺吧！怎麼樣？」被這樣逼問的話，就很難回答說「不，完全沒有！」。先天的集中力注意起作用，心裡就會牢牢附著在語言的迫力及當場的氣氛，然後被吸引住。如果有人稍微點點頭就會被叫到舞台上面說：「現在，神的恩典降臨在這一位」「你實在太幸福了！」等等。就隨便他說了，不會輕易放開，人就完全被愚弄了。

世間的宗教使用暗示

世界上的宗教多少都用心靈控制。用暗示的方式把人變成不像人。宗教界的人們為了自己的目的就濫用「先天的集中注意力」，所以我不想說佛教是宗教。

如果被植入教條後人就會習慣那些東西，這就是心靈控制。控制腦筋是對狗也有效，對烏鴉也有效。

鳥也會被「先天的集中注意力」控制心靈

鳥也會被心靈控制。例如烏鴉被人養了以後，不知不覺就習慣人的生活。烏鴉很聰明，也可以講話，不曉得牠瞭不瞭解內容，但是可以對話。我有養過很多種鳥的經驗，但是我覺得要養的話，烏鴉最可愛了。反應很像人類，也有某種程度能夠溝通，還有烏鴉不會生病，很好養。

不管要養烏鴉或鳥，每天跟他講同樣的話。以後那隻鳥看到人就能夠講同樣的話。有這樣的故事。有一個廟寺的長老養一隻像鸚鵡之類會講話的鳥。長老每天跟那隻鳥講話。那時廟裏有二個年輕弟子。長老常用綽號開玩笑地叫兩位年輕弟子。長老用綽號來叫那兩位年輕的弟子是表示喜歡他們，那兩位弟子不喜歡被叫綽號。可是也不能反抗長老，那個綽號如果是長老以外的人講的話就很失禮。長老無意之間把跟二個弟子開玩笑的綽號教小鳥，那隻鳥也牢牢記住了。那隻鳥一看到那個兩位弟子每一次就講那句開玩笑的話。那是很失禮，把人當傻瓜的話，被鳥當傻瓜，弟子當然會不高興，但是長老看到那個樣子反而覺得好玩。

這就是長老的對鳥的心靈控制。鳥會區別人類「這人來了就用這句話」，能夠照被教導的話講出來，心靈控制就成功了，這是沒有「集中注意力」就做不到的事情。

心靈控制或暗示是很強硬的方式，要給他暗示就必須有「先天的集中注意力」。這時利用的「先天的集中注意力」就是一直重複同樣的話，鳥背下那句話後就能夠講出來，就能夠自動發揮，就像條件反射一樣會記起來，所以世界上有很多人們會被暗示。

「先天的集中注意力」很危險

如果被濫用「先天的集中注意力」的話，會變成被人家控制自己的心理狀態，這是很危險的事情。因為大家都有「先天的集中注意力」，不知道甚麼事時候會被別人心靈控制，不知道會被誰暗示或被誰管制都不曉得，所以馬馬虎虎地認為「集中注意力」很好是有一點危險，要小心一點比較好。

心靈控制不是危險宗教的專利。如果認為自己是普通人沒關係吧！或認為那些跟我無緣則是很大的錯誤。請你查查自己的生活，不管誰都是隨時隨地被管制，被心靈控制，處在被多重暗示之下，只是大部分的人都沒有發現而已。

一開電視就有很多節目或廣告在心靈控制觀眾。門鈴「賓碰」響叫，一開門就有售貨員會來推銷。為了要讓人買產品就努力去心靈控制對方，看雜誌廣告也會被心靈控制。要買東西去超市時看到很多琳琅滿目的推銷標籤就想要買。

並不是說全部都很危險，但是要小心一點比較好。不知道會在哪裡被心靈控制，或被下各種暗示，所以要好好研究「先天的集中注意力」是什麼東西比較好。「先天的集中注意力」是為了生存絕對必需的東西。但是不要被濫用，不要使自己變成人家的奴隸，怎麼樣才好呢？現在我開始來說明。

騙子的甜言蜜語就是濫用「先天的集中注意力」

濫用「先天的集中注意力」想要心靈控制別人的人，一想到「賺錢」，會產生很大的

「集中注意力」。會考慮「對這些人講這句太弱」「這樣做就能夠一下子改變過來」會左思右想，頭腦充滿壞點子。然後就能夠想出吸引更多人的有魅力句子，想出被某些東西吸引就不能正常判斷的圈套，不要讓人有冷靜思考空間，為了要賺點錢就充分發揮「集中注意力」。

人類能夠了解人類講的內容就是「先天的集中注意力」的功用。所以如果口才很好的人再加上濫用「先天的集中注意力」就很糟糕，大家都會被騙。

有問題的組織會用很大膽的用語來宣傳說「三個月就能夠賺到五千萬圓」。口才很好的社長滔滔不決地講話，連他說明「這樣買到就賺到」的錄影帶也會大賣特賣，用語言的威力就騙了很多人。

被有魅力的話題吸引，「集中注意力」只有對有利的部分起作用，其他事情就都不知道，然後就拿很多錢去投資。

到了約定的三個月後有沒有拿到五千萬圓呢?當然沒有，連那個公司本身都不存在了，發現被騙後已經太晚了，急忙報警，但是已經血本無歸了。

針對「先天的集中注意力」的宣傳廣告

不能說是「犯罪」，即使很普通的事也會濫用「先天的集中注意力」。很正常的被利用，所以沒有感到是「濫用」。最具代表性的就是廣告業界。他們很會利用「先天的集中注意力」。例如最近不管是女性，男性，也不分年齡都在流行減肥。減肥食品的宣傳用語就是「吃這個就會變瘦」，那個廣告用語就是企圖吸引「集中注意力」。聽說想要瘦下來的人大部分都會去買減肥食品，那樣一來減肥食品就變成暢銷的產品。但是「為了瘦下來吃這個食品就好」，已經是胡說八道了吧！要瘦下來的話，不要吃就好了，用餓的方法就能過瘦下來。

但是減肥食品都講一些天花亂墜的道理，讓大家去想「為了瘦下來要吃什麼比較好呢?」，社會上廣泛流行「為了瘦下來要吃什麼?」。

那些買減肥食品的人們用什麼基準來選產品呢?那不是食品的內容。而且誰最會使用暗示手法才是決勝負的關鍵。看到很多產品正在猶豫的時候，只要在某些地方用「美麗」的字眼在產品上面就會讓人想到「一樣能夠瘦下來的話，我想要美麗地瘦下來」。只要有那一句話就感到魅力，就會想要去買。產品的競爭就像心靈控制比賽。

電視購物廣告的露骨心靈控制手法

電視廣告宣傳手法最明確讓人了解心靈控制的樣子。以前要宣傳必須找電視上有名氣的藝人或有名人，但是現在是無名的人在拍廣告。用拙劣的演技（如果演好一點也許就能夠賣得更好），講話誇張，奇妙到令人驚訝。總之就是滔滔不絕地講。

由公司付錢借場地，募集一些人來演顧客，代表觀眾。因為付錢給那些人來看，就要求他們按照這個暗號出來時就要笑出來，另外一個暗號出來就要拍手，這樣的暗號出來就要出歡叫的聲音等按照規定來做，從頭到尾都設計好好的，在拍攝時，現場導演就給他們看寫在紙板上的暗號，就乖乖的表演出來。

商品說明方面，髒得東西很快就洗得乾乾淨淨，料理很快就做好，在呈現上做一些設計讓節目很好看。這個時候，不只是好看，還要加上聽起來有魅力的句子。「很厲害吧！

這個像○○。」「這樣可以縮短時間，太太們能夠用那些時間去化妝，就可以變得更漂亮」。好像在騙人一樣，總之就是充滿好聽話。

然後要講到價錢。「產品很好，但是價錢呢？」「當然會很貴吧！」等裝成顧客的人就照劇本演出。推銷員等這句話出來後「很貴嗎？那，本來就是這個定價，但是就只有這一次特別地從二萬圓減價成一萬九千八百圓！」會場的人們一聽到上位數字減少了就驚叫。

在看廣告的我就會反過來想「這個產品三千塊錢是剛剛好的價格吧」「即使減價我也不要那個東西，如果需要那個產品我想三千塊錢就夠了，還是很貴哦！」。但是在電視台的那些人就對減價七嘴八舌驚訝地講「一定要把這個消息講給朋友聽」。然後推銷員又講「只有這一次特別再加一個東西」，那些在電視台現場的人更加驚訝了。推銷員就乘勝追擊地講「啊！兩樣東西還不夠嗎？那，再加一個！」加起來就變三樣東西。

我想「一個就夠了，用不著買到三個吧！」「買三個一萬九千八百圓還是很貴」。我不會被暗示或心靈控制。但是看電視的人們也許會被暗示吧！如果沒有人被心靈控制到的話，不會繼續用那麼奇怪的演技來賣。電視廣告等通訊販賣的好處是不必出門去買，如果善加利用去買些東西也無妨。但是要買的話，不要被心靈控制，要好好判斷「這個產品是必要」或「我想這個產品的價格很適當」才去買。不要被影響因為誰講說好用，或大家都買。必須是從頭到尾都是照你自己意見去買。

看了電視廣告然後去買的人就是標準被心靈控制的情形。

從廣告就能夠發現那個國家的國民性

不只是電視廣告，很多種廣告我都會嚴格分析，如此一來從廣告就能夠知道那個國家的國民性。為什麼呢？因為廣告是心靈控制。知道那個國家的國民心情才能夠讓他們買東西，那是很自然的事情。

例如日本的廣告就不會直接講「你一定要買！」。會宣傳說「這是本世紀的大發明」「世界上只有日本最先開發出來的產品」。去調查看看是不是真的呢？事實上全部都是以前就有的技術，所以是騙人的，「大發明」「只有網路才可以買的到」「普通的店買不到」等用語，特別凸顯那些地方大力宣傳，日本人只要聽到那些話就就會想去買下來。

如果在美國會這麼樣呢？會很直接宣傳「現在不訂貨的話，你會吃虧」「現在不訂的人就輸了。所以一定要趕快買下來」。美國是競爭社會，所以美國社會很適合先搶先贏的宣傳方式，然後對於競爭對手的產品，就會徹底批評。

日本不會運用比較競爭對手產品的廣告手法，以前好像有一陣子那些作為被視為禁忌。最近好像有一些比較性的廣告出現，但是也不像美國那樣很直接地表現。因為從民族性來看，不會接受把對手產品明顯貶低的廣告。要比較的時候，日本的民族性想法是「直接講的話，就沒有品格」「不應該胡亂貶低別人」，會用很穩當的表現方式。

就像這樣，一國家的廣告是配合那個國家的民族性來製作。所以日本人覺得日本的廣告最「帥」，同樣，印度人覺得印度的廣告很「帥」，但是從日本人來看一定有怪怪的感覺吧。

對我來講，世界上的廣告不管做得怎麼樣都是心靈控制的東西，感覺「很噁心」。如果一定要看的時候就要一直留意著，不要被心靈控制住，一邊小心地看，一邊做分析。

社會充滿許多危險陷阱

不只是電視廣告，全部的廣告都是心靈控制。如果宣傳的人是自己喜歡的藝人，認識的人的話，感興趣的不是商品，是藝人，都會被標中。用很奇怪的動作，很誇張的方法來表演，不是要看產品是要看有趣的表演的話，就會一直看下去。

不管藝人的演出奇怪或不奇怪，表演就是讓人家開心的工作吧！做那些宣傳的人也是要讓人家看下去，所以拼命去改良。他們沒有特別惡意或犯罪，但是結果看的人覺得「啊呀！被逼著買他們家的產品了」，免不了有被欺騙的心情。到處都利用「先天的集中注意力」設很多種圈套，可以說是陷阱一大堆。

第4章　「叫人匯款的詐騙集團」與集中注意力的心理學

家族間的溝通方法很特別

匯款詐騙集團事件現在有很多類型，最先叫做「是我是我詐騙」。裝成孫子打電話給老年人要錢的方法，這個方法在日本以外國家不可能做得到。這也說明了現代日本社會是如何封閉在自己的世界的證據，可以說是凸顯日本家族的問題。

普通來想，不知道自己孫子的聲音是很奇怪的事情。不管嘴巴怎麼講，家族都能夠了解，能夠心靈溝通。例如遠離家裡的兒子打電話跟媽媽說「沒問題，沒問題，這邊沒有問題。」，媽媽就會感到「過得還不錯」，或者感受到「那孩子現在壓力很大」不用講就大概知道。「對家族的事情心裏放不下來」這是人類有特有的先天的集中注意力，互相會心靈相通。小孩有困難不想給媽媽知道就說「我這邊過得很好」，但是媽媽也知道你有困難了。

如果家族很少連絡的話，雙方就沒有情感的交流。想要講的事情，就不能用言語，或者文章傳達。通常的社會裡，人類要用說話或文章才可以溝通，那時候用字面上的意思去理解。但是家族的溝通跟社會的溝通方式不一樣，能夠理解到講話以外的很多東西。一般來講，別人裝兒子的聲音即使裝得再像，也會嚇一跳，不會認錯吧！很多小孩一起吵鬧玩耍時，父母是理所當然能夠區別出自己小孩的聲音。本來別人的聲音，說話，是不可能騙倒家族的。

但是為什麼會發生匯款詐騙事件呢？因為家人比較少聯絡，就忘掉家人的音調。來電話的時候只要說「怎麼辦？我完蛋了！」就會誤認為是自己的小孩的聲音，這是很不平常的事情。那是擔心家人的先天的能力起作用，或者彼此之間幾乎沒有愛情只想用錢解決家族關係，才會傻傻地就去匯款。

不自然的環境會讓集中注意力亂掉

如果連家人都不能認出自己兒子聲音的話，應該不必因為他說「有困難」就匯款。本來就算要匯款，在匯款之前，也會在電話中給自己的孩子說一兩句抱怨的話。但是實際上在現代社會缺乏人情的環境下，我們的先天的能力已經逐漸消失了，跟動物園出生的老虎同樣，那隻老虎放到森林，雖然是百獸之王的老虎也會害怕地躲到人的家裡面，人類的情形也是一樣。先天的能力雖然不起作用，但是出生時已經存在的程式能力不會消失，人類養的老虎也可能攻擊人類。

家族的關係即使淡薄到連自己的兒子的聲音也分不清楚的情況，一聽到別人假裝兒子聲音講「有困難」也會變成不為兒子匯款不行的狀態。

人類自己做一個不自然的環境讓自己不能發揮先天的能力，但是那個能力不會完全消失。騙子就是利用人不會發揮先天的能力但是會擔心家人的本性來做壞事。用巧妙的言詞來讓人掉入圈套，讓人引發「先天的集中注意力」來騙人。

對家族起作用的先天感情

現代人不是生活在家族相互牽掛的關係中，只是活在自己的世界。就像動物在不用擔心的動物園裡過奢侈的生活一樣，很不自然。雖然家族之間，互相記得臉或名字，不知不覺之間先天互相牽掛擔心的情形也變成不需要了。

雖然生活在那樣不自然的自己的世界中，先天的感情也不會消失。有時候跟父母見面，開頭就講「父母親的愛不夠」，懷恨父母。父母養小孩則像養動物園的貓熊一樣疼愛，總是不自然。看到兒女臉上出現先天感情的表情時就後悔說「也許要多跟自己的小孩玩才對」。人類自己做的人工環境壓抑了先天的能力，雖然壓抑下來但是不可能消失，騙子就抓住人類這種不成熟的感情來做怪。

被感情控制的時候的處理方式

後來匯款詐騙發展出更多類型來騙人。最先假裝成孫子或丈夫等家族的類型，其後有裝成律師說：「為了要和解請你匯錢」，或者裝成稅捐稽徵處人員說「我們退稅給你們但是請先匯款進來」等很多種類型。

現在即使讀這一本書內這些類型的騙人用語，也不會有臨場感，也不會照著要求去做吧！讀過這一本書後應該不會迫切地想「一定要付錢」。但是實際上在電話中被巧妙地說時，隱藏在心中的感情會在臉上表露出來。被片面、誇張地講了之後，會被自己不成熟的感情控制，陷入對方的圈套中。

怎麼樣才不會被騙呢？例如打電話來講了一些意外的事情時，請你要冷靜地判斷。不可以輸給對方的氣勢、不要聽信有好處或可以賺錢的話。

如果了解這是「先天的感情」「先天的集中注意力」在起作用的話，就會在被某某東西迷住時，恢復冷靜地說「等一下，是真的還是假的？感覺有一點奇怪呢！」。「真的是家人的聲音嗎？」希望集中注意力去聽對方講的話並發現有問題的地方，要保護家族的感情，是被騙子勾引出來的。

第5章　世界充滿心靈控制

用心靈控制無法讓人幸福

現代人生存在廣告的世界，往往被人用非常簡單預設的方法心靈控制。這就濫用「先天的集中注意力」的情形。為了要保護自己、養育子孫的先天能力喪失功能。自己的心被別人管制並非好事，大家必須更加認識心靈控制的事。

心靈控制是怎麼回事呢?那就是「為了自己想要支配或管理別人」的目地而執行的事。人被別人管理就不可能幸福，因為一切都不是為被管制者的利益，而是為管制方面的利益在執行。

偉大的政治家也會大大利用心靈控制的力量。大家如不支持那個政治家他就不能當選，他的政策不被贊同就什麼事情也作不了。看美國選舉運動就好，選舉要用非常多的錢。但是只要用很有影響力的說法，加上新鮮的口號，如果大家都歡呼支持的話，那就成功了。最重要的是政策的內容及執行能力，但是大部分都是很誇張地演出，沒有內容。

另外像北朝鮮那樣的獨裁政治，心靈控制就更加嚴重。沒有權力的國民如果能夠團結也許可以改變社會，但是單獨的個人很微弱。獨裁者不讓他們團結就先抓住國民的弱點。「如果背叛獨裁者的話，背叛者及其家人或同夥就會被迫害或讓他放逐到別的國家，最後有可能被殺」，用這樣的暗示來恐嚇他們，剝奪他們的自由。

小孩子們在學校每天早上及晚上一定要拜將軍。這樣一來小孩會認為「將軍是絕對偉大」，就像條件反射一樣牢牢記住。前面講到有一個寺廟的長老讓鳥背誦句子的例子一樣。只是一再貼上「這個人的臉＝嘲笑的言語」「將軍＝絕對的偉人」的印象，就不會去想很多，因為是「集中注意力」所以不會有偏差。

那樣一直被嚴密管理就會被心靈控制，變成沒有思想的自由也沒有行動的自由。那樣會變怎麼樣的政治呢？你覺得國民會有好心情嗎？一定心情不爽。究竟那樣的政治要維持到何時呢？到那個偉大的將軍死了以後嗎？不對，將軍死了之後，下一個也是不曉得國民心情，奢侈生活的兒子會變成獨裁君主，然後會一直持續同樣的政治體制，永遠都沒有自由。

從我們來看很不公平，但是在那個國家那是理所當然的事情，這也是因為人被濫用「先天的集中注意力」的弱點才會變這樣子。

為了自己要管理信徒的宗教

宗教也同樣。無論如何都想要管理信徒，想要心靈控制。宗教世界一定都是獨裁的，站在上面的人絕對是在上面，神就是絕對是神。如果進到某某宗教團體裡就會很麻煩，剛進去時，自己的身分都是很低，連跟教祖講「午安」都不輕鬆。

宗教團體也是跟獨裁政權一樣喜歡世襲制。最先的騙子死後，就由下一個訓練過的騙子的子孫來繼承，世世代代一直管理別人。

例如日本有一位教導徒弟說「我是神」的教祖死了。那個時候，不是本來最努力修行的弟子當教祖，而是從以前到現在過著奢侈生活的兒子或女兒當教祖。奧姆真理教的麻原彰晃就是設定他死掉後下一個最終解脫者（教祖）是他的女兒。

為了自己或自己家族，管理許多信徒。這個團體不是為了要用信仰來修心，而是為了管理別人讓自己或自己的家族幸福，這是日本的新興宗教裡很常見的案例。

宗教使用威脅

宗教的世界有很多種團體，但是簡單說來，那些都講「無論如何要讚美神」。「神」可能變成「〇〇先生」或其他美好的物資，被設定為絕對要信仰的對象（神）。然而為什麼要讚美神呢？因為信徒都被威脅。

宗教團體會威脅說「不信的人會掉到永劫的地獄」。假如被說「不信神的人會掉到永劫的地獄」的話，你會怎麼想呢？冷靜思考的話，沒有任何根據，應該也會發現這是奇怪的說法。

說「不信神的人會掉到永劫的地獄」、說神是全知全能的人格完美者，人如果不一直信仰、不讚美神就會被處罰是有一點奇怪。

也有人寫文章說「非常靈驗」，「信就能夠去天國，不信的話會掉到地獄」。讓有信仰的人這樣想可能會有一些好處，自己信就好了，但是說不信的人會變成不幸這是怎麼回事呢？讓人相信會變成不幸，豈不是使人真的變不幸嗎？那是濫用「先天的集中注意力」引誘人往自己有利的方向的作法。

人人都想要幸福，不想要痛苦，不想要死掉。期待自己的家族或子孫繁榮，因為「先天的集中注意力」是為了那些目的才存在的，沒有任何人可以把它消除掉。宗教或商人或政治家都是惡用那種狀態。被威脅後，除了聽從以外別無選擇。如果說「這樣能夠賺大錢」，一下子就會下手去做。如果說孫子發生意外了就會去匯款。因此「先天的集中注意力」明顯是我們的弱點。所以要培養用理性、客觀來判斷事情的能力，才能夠消除弱點，即使沒有弱點了，先天的「想要變成幸福」的心情也不會消失。

換句話說，「不尊敬神的人會掉到永劫的地獄」「不信神就會不幸」等用語就像某個騙子為了要得到自己的收入而愚弄別人，營造獨裁氣氛所創出來的用語。

要心靈控制別人的用語，用愈誇張的圈套，愈誇張的言語，愈誇張的表達方式就愈有效果。就像前面講的電視廣告一樣，心靈軟弱的人立刻就會被控制。

第6章　靠集中注意力獲得安心的人

不用提醒也會管理好

環視這個社會到處都充滿心靈控制、充滿一大堆管理。究竟哪裡有安全的地方呢？有沒有安全、安心的管理人呢？

如果有完全慈悲心的人，被那個人管理也沒有關係。對人完全慈悲，一點也不期待回報，如果有人要回報也拒絕，被那樣的人管理就很幸福，被那個人管理一點也不會吃虧。

「自己有困難，或者做不到的時候，馬上無償地幫助」那樣的關係在媽媽跟孩子之間巧妙存在。跟年齡無關，任何小孩被媽媽講什麼都有影響，小孩不能完全忽視媽媽。小孩做壞事的時候，媽媽一講「你不可以做那種事情！」，小孩就無法拒絕，會有很複雜的心情。

要去打架的人，要去殺人的人，大家都怕的人，被自己的媽媽叫：「你過來！」就乖乖地聽媽媽的話。如果被媽媽說「你不能做那種壞事！」，孩子就會講「是！是！」。那是被〝媽媽〞的存在控制的情形。

被媽媽控制絕對不是壞事，因為媽媽不想要讓自己的孩子走上不幸。

當然媽媽或爸爸不是十全十美，因為媽媽跟爸爸也是人，所以也有自己的看法，也有慾望，還沒有到完全不求回報的慈悲狀態，父母距離十全十美還很遠。

例如有媽媽殺自己小孩的案件。但是不能下結論說不可相信父母。有一億的父母親當中有一對父母殺了自己的孩子，就認定父母親是危險人物那是豈有此理的想法。疼愛孩子的父母也會有很多失敗的情形，也不是聖人，也會做錯事情，但是一定要孝順。

再進一步說明，不信任父母的人在社會上常會被心靈控制。特別容易被黑社會利用，信賴父母的人即使在社會上被心靈控制，也不至於去犯罪，因為不會忘記父母的教導。

佛陀說佛教不用管理

另外有一個，除父母以外被他管理也無妨的人。那就是完全慈悲的佛陀。佛陀不會想要心靈控制或管理人。

前文講過「宗教會用心靈控制」，但是佛教界不一樣，佛陀是人格完美的人，完全慈悲，已經開悟，什麼東西都不要，他的人生已經圓滿並且脫離輪迴了。自己的事情已經圓滿完成了，只關心別人，他就是那樣的人，他不會心靈控制或管理別人。

佛陀關心不幸的人，教導他們走向幸福的真理。佛陀毫不期待回報地教人幸福方法，不是宗教的「勸誘」。就像有知識的人教人分辨毒菇及可以食用的菇一樣，被教導的人不是被控制，或者是被威脅。

吃到好吃的菇，不會成為那個教導的人的養份，違背教導誤食毒菇死掉，也不是那個教導者的責任。就像這樣，佛陀教人正確生活方式跟不幸的生活方式，是否實行是我們的自由。佛教裡不存在心靈控制，因為是完全慈悲，如果被佛陀心靈控制的話那一定很幸福。但是佛陀不用心靈控制，教人心靈的自由。就算是好事，被控制著去做，對當事人也是很悲哀。那種情況下，控制的人就已經做了不慈悲的事了。完全慈悲跟心靈控制是不可相提並論。

佛陀不但不用心靈控制，連自己主動向別人說法都儘量避免。因為對於不想要聽的人，說法是很困擾的行為。對於陷入痛苦不知所措的人，或者自己主動想要探求真理的人才說法。

跟管理完全相反，佛陀說「我只是教人家而已」「我是世界上最會教的人，但是努力是靠你們自己。」

捐款如糞土，信徒如蛆蟲

經典有故事讓人明白「佛教不是為了要管理人才存在的」。佛陀要悟道之前做了一個夢，也許真的做了那個夢，但也可能是為了簡單說明才創作的故事。

夢的內容是這樣子。

〝有一座堆了很高的糞山，佛陀在糞山走路。因為糞山很髒，所以心情不好。真不想去碰到，但是夢中一點辦法也沒有，佛陀就在糞上走路。〞

這個夢的解說如下：

〝釋迦牟尼開悟成佛後，社會上到處都捐款，布施給他。那些人布施的東西堆在佛陀旁邊，但是對佛陀來講那些都是糞土。〞

有另外還有一個夢的故事，還是講佛陀開悟前夢到的故事。

〝蛆蟲滿地高到佛陀的腿，身體都黏滿蛆蟲。這些蛆蟲特別噁心，頭部黑黑，身體白白，感覺特別噁心，那種特別噁心的蛆蟲滿滿黏到膝蓋上面〞

這個夢的解說如下：

〝佛陀悟道後開始說法時，很多人來聽佛講道。很多人相信佛教後就去實行，對佛陀來講那些在家的人是蛆蟲〞

講到這兩則故事，是要傳達什麼呢？這兩個夢都是講「佛教不想管理人」「也不會心靈控制」。沒有人會為了走在糞山，為了蛆蟲爬滿膝蓋而去做什麼事，獲得糞或蛆蟲只會讓心情不好而已。相較於追求財產或名譽的人，正覺者毫無執著或期待的情形，真是做了戲劇性的說明。

日本某一宗教，把總部設計成希臘神話風格就沾沾自喜。用布施的錢來蓋很美的建築物就很高興。但是佛陀完全相反，說布施是糞土。從蛆蟲的例子來看，對於獲得信徒就自以為了不起地說「太好了！太好了！」的情形，跟佛陀的表現正好相反。如果聽了佛陀說法後，有人說「你很有威力，我變成你的信徒了」，佛陀絕對不會覺得「增加一位信徒很好」。就像人被蛆蟲包圍不會開心一樣，佛陀也不覺得被信徒包圍著就高興。佛陀不會推薦人去做佛教徒。人只是被教導感到有道理就自己願意去實施，按照自己意思高興地跟隨佛陀修行。

佛教沒有強迫人出家

佛教絕對不會逼人家說「一定要出家」。我以前被人問過「長老所說的事簡單來講就是勸人出家吧？」。當然答案是「NO」，但是聽到那個問題後，我想起一個事實，「佛陀說法四十五年都沒有講過一次『請你出家』」。事實上一次都沒有講過。超厲害吧！雖然如此有多少人主動去出家呢？

佛陀不講「請你出家」，只是教導真理，教人怎麼樣達到解脫。那時候對方自己覺得「要做到這種地步的話，沒有出家就做不到」就會主動去出家。佛陀說法非常注意細節，避免讓人覺得是心靈控制。

有如下一個故事。一位比丘對佛陀講「請你教我超能力，如果你不教的話，我就還俗！」佛陀就對那一位比丘回答說「我有跟你約定過『如果你出家就我就教你怎麼樣得到超能力』，然後你才出家嗎？」。被這樣反問後那個比丘就承認是自願出家的，也就是說佛陀的答復是：「互相沒有契約，你的威脅沒有道理」。

只有兒子一個人例外

只有一次佛陀不問對方意思就決定讓人出家。佛陀第一次看到自己的兒子羅睺羅，兒子也是第一次看到父親。兒子差不多七歲了還要黏住爸爸撒嬌，一起走到寺裡。那時候羅睺羅跟他爸爸說「爸爸的東西是我的東西吧？那就請你給我財產」。然後佛陀拜託薩里普他尊者「這個小孩想要我的財產。我的財產是神聖的真理。所以請你讓這個小孩也有神聖的真理」，然後薩里普他尊者就讓羅睺羅出家。

之後羅睺羅順利長大，到適當的年齡就教他冥想方法達到悟道的境界。那時候他已經長大了，佛陀的財產就變成他自己的東西了。

佛陀沒有確認別人意思就讓人出家的就只有這個例子而已。但是這個例子是父親教兒子出家，誰都不會抱怨。父親在小孩子還小的時候，沒有確定本人意思讓他讀某個學校，誰都沒有權利講那個爸爸吧！但是佛陀卻被父親蘇多達那國王批判。

「你不知道父親的心情嗎？你知不知道從你出家後我多麼悲傷嗎？」「然後連我的孫子也要讓他出家，他還是那麼小的小孩，今後請妳不要再讓父母悲傷。」責備佛陀說：即使是佛陀，父親講的話也會影響到他的內心。佛陀回答說「我知道了」，然後從那時開始就禁止沒有父母同意的出家。

按照自己意思修行的佛教

佛陀講「佛教不用管理」「不說請你出家」的態度，現在仍然持續下來。我們修行者對教團一定要自己先說「拜託請讓我加入」。教團的講經說法不會有任何圈套或用甜蜜的話來勸誘。要進去時，修行的人要用片面請求的方式，教團方面則說「有這些戒規，你如果遵守戒規才允許你進來」。所以修行者一定要片面的遵守教團的規定。

一旦出家則不許任性。如果說「我喜歡這個」「不想要做這個」的話，則會被講「出去」「跟你的心情無關」。跟那些設法挽留人，或讓人出錢的作法完全相反。每一個出家人一點也不會感到「被心靈控制」。完全不會感到恐怖，也不會自己討厭自己，永遠都是按自己的意思，自己的心情去做，「因為自己想要」，才走上修行的路。

好好運用「先天的集中注意力」

佛陀是完美人格者不用心靈控制，可是當今這個社會怎麼樣呢？這個社會中想要錢，想要被讚頌的人，使用心靈控制的人多得不得了，努力要抓住我們「先天的集中注意力」的弱點，必須小心。

簡單來講就是集中注意力之中有一類叫「先天的集中注意力」。那是每個人都有的力量，隨著國家，年齡，男女不同，那些條件會有變化。然後社會中充滿各種圈套想要利用「先天的集中注意力」，來操控我們。本來「先天的集中注意力」不是壞東西。是為了生活中要達到幸福，避免危險或死亡的能力，一般來說是「本能」。想要違背本能是不可能的事情。動物不用拜託，牠也會主動去做幸福的事情。例如貓不必教他「請你去抓小鳥」吧！可惜人類不知道什麼對自己不幸或什麼是幸福，佛教把這種情形叫做「無知」。

請你知道因為我們無知才會被濫用「先天的集中注意力」。因為具有容易被心靈控制的弱點，所以要小心，不要被控制而陷入危險。如果你理解這種情形，好好地利用「先天的集中注意力」的話，就能夠打開幸福生活之路。

第7章　感情的集中注意力

有感情的時候，就會發揮「集中注意力」

從前文到現在都講到每個人都有與生俱來的「先天的集中注意力」。從這裡開始想要講的是「感情的集中注意力」，我把它分類成第二種的「集中注意力」。「感情的集中注意力」跟「先天的集中注意力」一樣，都是必須小心的「集中注意力」。

感情決定某件事情後，心就不會動搖。更簡明來說就是，不會優柔寡斷。「集中注意力」就是「心黏住對象不離開的狀態」，所以感情跟「集中注意力」個性很像。

被感情控制，人就對其他的東西沒有興趣了。例如對別人生氣的時候，一直想「絕對不原諒他」「絕對不對那人客氣了」。一旦生氣或討厭後周圍的人再怎麼勸架也不聽。「不能原諒」的感情會牢牢記住，難以忘懷。

裡。

相反地如果想「我喜歡那個人」就一直往前衝去。其他的事情或其他人都不放在眼裡。

另外想要某件東西，就一心一意想著「啊，我想要那個東西。怎麼樣才可以得到呢？」。

感情就是「發揮集中注意力」的狀態。一旦慾望或生氣出來後，那個感情會輕易地出現「集中注意力」。

不能用感情來集中注意力

從剛剛講的例子來看，感情使心裏動盪或變成頑固，是好事情嗎？那是錯誤的。感情跟理性正好相反。這本書起先曾說到「集中注意力能夠讓人幸福，是超棒的東西」。但是再怎麼樣想要「集中注意力」也不可以用感情來集中注意力，那是不可能成功的，必須注意。

用好的感情來集中注意力也是危險

簡單一句來講就是「感情」，但是感情有很多種。有人疑問說「利用好的感情來集中注意力不就好了嗎？」。但是即使是好感情也不行，因為沒有理性，就不安全。

慾望或憤怒，憎恨，嫉妒等感情當然是壞的，那些是比較容易了解的事情。但是好感情是怎麼樣的情形呢？什麼樣的東西呢？例如要做文學作品或音樂的時候，會有「想要做好作品」的好感情產生。這時候理性也會起作用，感情如果能夠控制就好了，但是那個過程中，壞感情也會進來搗亂使工作效率降低，要完成一件作品就變得很辛苦了。

另外，有人努力的目標是，想要救痛苦的人，想要做和平活動，想要做保護自然的運動等等。他們的目標對人類有好處，當然是好事情。但是好心也會產生微妙的感情，感情進來後就拼命想搞運動，不知不覺變成攻擊狀態。目的並不壞，但是感情進來後就失去理性了。自認為是做好事的運動，往往變成製造麻煩的運動，所以由感情產生的「集中注意力」是有問題。

生命中先天就有不幸的感情根源

為什麼不理性就危險呢？為什麼有感情就危險呢？現在要解釋一下。生命與生俱備就有的三種「先天的感情」。也就是「慾望」，「憤怒」及「無知」。佛教叫「貪、瞋、痴」，這些都是煩惱的根源，所以教人要小心。「貪、瞋、痴」是煩惱，也就是不幸的根源。這些是與生俱來的東西，不管什麼人，什麼樣的生命體，放任不管就會不幸，這就是自然法則。人會不幸乃是自然法則，想用非科學的方法來思考的人不能發現不幸是自然法則，就抬出神明來解釋不幸，製造一些根本不存在的故事。

例如「神創造最先的人類，那個人類背叛了神，所以我們要揹負那個罪」之類的東西根本沒有證據，非科學的故事。違反人類從猴子進化，這種由很多証據找出來的定論。

本來人類從猴子進化的強烈的想法，我們也沒有實際的感覺。只是從過去的資料導出「進化」的概念，嚴密來講就是「相信」進化論。但是太陽照地球的情形，可以實際感覺到所以不必「相信」。到了二十一世紀有人反對進化論，也沒有很明顯的資料根據，就被創造論的神話附身了。

「感情的集中注意力」沒有那麼厲害

讓我們放眼看看當前社會吧！的確很多人使用「集中注意力」拼命工作。不少人為了貪欲而努力，不少人因憤怒或憎恨而努力，不少人無知，「因為別人講的」「因為大家都在做」而拼命去做。

社會上講「集中注意力」大部分都是「感情的集中注意力」。因為貪欲或憤怒或憎恨，或無知的感情而處在努力的狀態。但是這個「集中注意力」的程度沒有什麼了不起的，這種「集中注意力」能夠達成的程度也不太高。

所以說用「感情的集中注意力」來努力不是好事。有幹勁充滿活力，會拼命努力。

例如從戀愛的感情而來的「集中注意力」會整晚熬夜一直想來想去吧！空想心愛的人的種種事情，時間一下子就過去好幾個小時了，想這個想那個，一直不嫌膩，一直充滿想像，真的很「集中注意力」。

但是那個狀態的人請他讀有用、有知識的書看看，剛開始讀一下子就會睡著了。換句話說，就只是那種程度的「集中注意力」而已。

感情的集中注意力結局是「壞的」

關於「感情的集中注意力」的情況，基本上感情是「壞的」，即使短期間有好的結果，長期間也是壞的結果，就像「想要錢就搶銀行」一樣的道理。

的確搶銀行如果成功的話可得到大錢，短期間就會覺得「很好」。但是從那時開始就有問題，不想要被警察抓到就一直逃跑，看到周圍的人都害怕，整天變成怕東怕西的樣子。拿到大錢不用人家教也會去用吧？然後最後就被抓到，關進監獄，本來想要「花大錢享受大富翁的生活」的目的就變成黃粱一夢。長遠觀之是很糟糕的事情。

但是我們目前都是只看短期的結果，過著慾望、憤怒、無知的生活。用搶銀行例子來看的話，明明知道會有壞結果還是財迷心竅，有機會就變成強盜。

有時候憤怒起來就打人，自己打贏的時候，有可能一段時間心情不錯。但是長期來看很糟糕，被打傷的人可能告你，而且要求賠償，或被打傷的人來報仇，結果不會有快樂的結局。

感情不能控制

如果用感情生活，發現「這個有一點不妙了，應該停止」，要調整卻很難。有感情時，理性就不起作用。所以夫妻當中，不應該講的話會講出來，交往中的男女朋友也會打破禁忌，講出不應該講的話，或去做不應該做的事情，很多問題會發生，那時候理性就不起作用。

但是感情有波浪，會上下波動，很激烈的變動。感情往上就有「集中注意力」，感情往下的時候就一點都沒有「集中注意力」。

例如常常有人用競爭意識來讀書，有「不想要輸給那個敵手」的心情就會開始努力，那是生氣的感情。生氣變成能量發揮「集中注意力」就會努力讀書，但是生氣的感情不久逐漸下降，那時候就會想「那，算了吧！」「無所謂」「不幹了」就會停止讀書。

就像這樣，感情沒有安定的力量，所以完全不能保證感情是否能維持「集中注意力」到有成果為止。

感情將會被換成更壞的感情

「感情的集中注意力」還有別的問題。人用感情去努力，漸漸地會變換成別的感情。這是變成不幸，變成怪人的原理。

這是怎麼回事呢？現在來說明。最先用「慾望」去努力，到中途會變成用「生氣」在努力。例如有人想要「變成偉人」而努力讀書。「想要當偉大的人」就是「慾望」的感情。有「慾望」的心態下就常常會出現「不管任何事情都不滿意」的特徵，隨時都會感到任何事情都不滿意，那時候就會出現「憤怒」。「憤怒」的感情會壓下「想要變成偉大」的感情。那就會怎麼樣呢？「啊呀，不要做了」就放棄讀書。「變成討厭」「放棄掉」是常常有的事情。這時候會放棄先前決定想做的好事。心裡面發生了什麼事情呢？就是某種感情變換成別的感情。感情變換時候，人會有更強的感情。不然本來的感情就不會消失，也不可能切換。感情是「壞」的東西，變換成更「強」的感情就是變成更「壞」的感情，所以以感情為主的人會更加不幸，很可能做出更壞的事情。

錯誤的集中注意力、宗教的心靈控制

佛教講「集中注意力」的情形叫做「三摩地（禪定）」（定，禪定samadhi）。但是對「從感情來的集中注意力」不會用「三摩地（禪定）」這個詞。另外用「邪定聚「miccha samadhi」」。那是「錯的集中注意力」的意思。在經典裡面佛陀說「邪定聚「miccha samadhi」」的語詞有二到三個地方。

因為佛知道「感情的集中注意力」的問題所在，所以對「感情的集中注意力」作嚴格的區別，就不用「集中注意力」的句子。「感情的集中注意力」本來的機能一樣是「集中注意力」。但是阿毘達磨心理學裡對感情來的「集中注意力」不會用「集中注意力」的用語。

我對這個很有疑問。同樣是「集中注意力」的機能，為什麼不用同樣用語呢？這個就是佛教比心理學更重視道德一體的表現吧！佛教不會輕視道德，很尊重善惡的性向，認為「感情的集中注意力」不要用同樣的的用語比較好。所以沒有這樣用。「感情的集中注意力」就是「邪定聚」，其定義就是「不正確，不幸，惡劣的行為的集中注意力」。「邪定聚」其中一個就是宗教界所用的心靈控制行為。有「集中注意力」時，即使是錯誤的「感情的集中注意力」也會感覺很好。相信宗教的時候，大概不會感到不好，反而是心情很好才會入信吧！結果是因為心靈被控制，才會感到很好。

苦行或儀式會讓你變成無法停止的病態

宗教界裡常見的「苦行」或「宗教儀式」，長期實行後就會變成無法停止的病態。這可以講是宗教心靈控制的代表例子吧！佛說「苦行」和「儀式」是「邪定」。

長期做苦行就是施虐（sadistic）的心理，會變成無法停止的病態。心身一直持續受苦後，有時候會有快感，做苦行後心情會感覺很好，這種感到「心情好」，就是「感情的集中注意力」。

有人想要做儀式時，不管我怎麼批評，那些想做的人還是照做。因為長期做來已經習慣，會讓人心情快樂。一邊吵鬧地敲大鼓，一邊念咒文，心情就會很好，那樣子得不到任何東西，但是想要停也停不住。

用儀式來造「集中注意力」是本末倒置

例如西藏人都會用「轉碼經輪」儀式。轉經輪裡寫著曼陀羅（咒文真言）「唵麻呢叭咪吽」（OM。Mani。Padme。Hum）觀音菩薩咒文。當地的人說那個轉一次有很大的功德，因此人們都喜歡去轉。

但是常常轉經輪，在日常生活中也會吵架，一直買想要的東西，一直講「我要打你喔！」的粗暴言語。只要轉就累積功德，日常生活態度都沒有改變。宗教儀式究竟是怎麼回事呢？所以說宗教本來就是這樣的東西。

更好笑的是廟裡轉經輪的齒輪本來就是一個，但是現在不只是一個而已。很多齒輪組合成一個，有一個轉經輪轉另外的轉經輪也跟著轉。如果轉經輪有一百台的話，實際上只轉一次就像轉了一百次一樣的詭異設計。

轉一次就有很大的功德的轉經輪，很簡單就轉到一百下，一下子就得到很多功德了。有一大堆有功德的人，如不再設新的極樂世界，就有許多人去不了。

到這種地步，真令人嘆息，我想不如就做更多極樂世界吧！例如做「用轉經輪一下子轉很多次後累積幾億倍功德的人去的極樂世界」就好了。但是我查過舊經典裡沒有說極樂世界以外還有人造的極樂世界。

經典也是心靈控制的工具

苦行或祭典以外，為了心靈控制也做「經典」來運用。因為宗教全部都是心靈控制，結集教義的經典當然就是心靈控制。但是，如果讀那個經典的人發動戰爭，培養恐怖份子的話，那個經典就有問題，其中的內容會引導人走向某種危險的想法。我被問到危險的想法是什麼東西呢？有人問我說「例如有人想要殺十萬人，那是最壞的人。如果說我殺那個人，那十萬人就得救，我救了那十萬人的生命，那麼殺那個人就沒有罪嗎？」

我就這樣回答：「那個人要殺十萬個人是假定的。如果有人想『將來要殺十萬人』就把那個人殺掉的話，變成你就確實有殺了一個人。如果讓那個人活下去就會有十萬人死亡，事實上不知道是否真正會殺十萬人」，這就是佛教的想法。

最壞的人想要殺十萬人，有可能要去殺的中途心臟病發作，就沒有殺到誰吧。或著想要殺整個鎮的人而拿出原子炸彈，但是被發現，或著自己被放射線輻射到就死去了，就不會發生十萬人死掉的事。

「讓這個人活下去大家就會死，所以要殺他」這種理論，佛典不會這樣說。如果宗教組織贊同那個理論的話，就是那個教導有問題。如果念經典就走上那一條路，那個經典就有問題。

試著念巴利文佛典後，再來證明看會不會用一大堆歪理歪論教人做壞事情呢？念佛經的人都不會去做那些事情。佛教的想法是絕不會引導人往壞的方向思考。還有佛陀對於「完全講清楚」是非常嚴格小心的，換言之「所講的事無論如何都不會被濫用」。

用理性來打破歪理狡辯及矛盾

「別人做壞事之前就毀滅他」就是自己的幻想行為。「為什麼你能講這個人活下去的話，會殺十萬人呢？」就是佛教想法。如果那個人還沒有殺人之前就先發制人地殺了他的話，自己就有殺人的事實。「你殺了一個人，那就請你承擔殺人行為的後果。」這就是佛教的想法。

如果有宗教組織主張危險的理論，被人批評後說「啊，有錯誤嗎？那太糟糕了，來修正吧」如果這樣事情就結束了。因為誰都會有錯誤，過程中逐步修正就好了。但是事實上宗教的心靈控制很頑固。會說在「世界上只有自己才絕對正確」「這個聖經絕對正確的」「如果批評我們就殺了你」。如果「自己是正確」有絕對自信的話，完全沒必要威脅說要「殺了你吧！」。

所以，大家一定要好好注意歪理狡辯。假如有某個宗教的經典中其他的事都講的很完整，只要有一句「信別的神就會被處罰」的字眼的話，其理論就全部崩潰了。那就表示「只能信我」的意思，就是說「只有我才是唯一的神」，別的神不存在。其實，如果要信別的宗教，就有別的神存在。

佛教裡沒有上述的理論，佛教是非常講科學的。但是別的宗教界有一大堆獨特理論。所以大家都會被「先天的集中注意力」或「感情的集中注意力」心靈控制，無法發現那些詭異的設計。所以請你不要用「先天的集中注意力」或「感情的集中注意力」，要用「理性」。有理性就能夠發生強烈的「集中注意力」，不會被任何人管理，可以過非常優雅的生活方式。

排除壞感情就好

我們回到感情的話題吧。前文已經說明了「貪、瞋、痴」的三大壞感情。下一個我們要說明好的感情。

佛明確說到「好（善）的感情就是不貪、不瞋、不癡」。對於壞感情「貪、瞋、痴」而言，好感情是「不貪、不瞋、不痴」，簡單說就是「消滅壞感情」。

「不貪、不瞋、不痴」用肯定的句子來說明，不貪就是「貢獻、奉獻、不執著」。不瞋就是「慈悲、憐憫、消除歧視」。然後不癡（智慧）就是「培養理性、發現真理」。

就像這樣，好感情可以用否定，也可以用肯定來表現。嚴密說來是不能用「感情」這句話，因為好感情的「奉獻」心情，事實上不是感情，「貢獻」的心情也不是感情，是冷靜又平穩，就是理性。

在這裡簡單說對付「貪、瞋、痴」的好的東西，就是「好感情」，事實上一切「不貪、不瞋、不痴」就是「理性」，所以請要牢記在心裡。

壞感情會在折磨破壞自己後結束

好感情（理性）有很大的特徵，那就是「能夠無限成長」。用壞感情來加強「集中注意力」就是破壞的行為。雖然有一段時間會有好處，但是結果還是會把身體跟心理搞壞。

特別是戰爭和恐怖行為會一再強化壞感情，但是並非可以無止境強化。到時候絕對會自己毀滅。請假設你要培養恐怖分子，恐怖分子的團體想要培養新的恐怖份子團員時，會一再灌輸各種事情加強心靈控制的壞感情，會一再灌輸憤怒，引導恐怖行為的「集中注意力」的能量就是生氣等「貪、瞋、痴」的壞感情。一再灌輸憤怒到心理，提高憤怒後，一點小事情就會爆發，會變成暴力行為，在實行恐怖行為之前本人就會發狂死掉，會一下子自我毀滅。

用壞感情培養「集中注意力」簡單一句話來說明，就是「用憤怒來破壞周圍」。在北朝鮮每天早晚都會這樣做。憤怒地說「要打戰」「我們就是世界第一強」「美國沒有什麼了不起！」，北朝鮮人真的都會這樣想。他們相信稍微一陣風就能夠吹倒美國。但是那個想法的最後地步就只是自我毀滅。有人認為不管用什麼方法都可以，壞感情也沒關係就是要培養「集中注意力」，那個人到時候一定會自我毀滅。不只是那樣，也會對別人造成很大的傷害，這就是問題所在，所以說壞感情是不好的。

「感情的集中注意力」成長有限

從前文到這裡說到用壞感情就能夠培養一點「集中注意力」，但是不再在進一步成長，相反地用好的感情就可以無限成長。

我剛剛講到好感情，嚴密來講不是感情而是理性。有理性就能夠無限地培養「集中注意力」。這個「集中注意力」能夠給自己及別人幸福，這就是前面講的「無論什麼事都能夠實現的幸福秘訣」。

所謂好感情就是對世界，對人們都很好的東西。希望大家都培養好感情。也就是「理性的集中注意力」。下一章將要介紹這個原理和鍛鍊方法。

II

最快樂的集中注意力

第8章　集中注意力的秘訣

誰都需要「集中注意力」

第一部講到的「集中注意力」跟大家想像的「集中注意力」很不一樣。「先天的集中注意力」會被濫用。「感情的集中注意力」不安定又不會持久，然後一定會變成壞結果。

那麼「集中注意力」是不好的東西，是人生中不需要的東西嗎？不是的！「集中注意力」是心靈成長必要的能量源頭，每個人都需要的東西。但是那不是「先天的集中注意力」或者「感情的集中注意力」，那是「理性的集中注意力」。從這裡開始要講「理性的集中注意力」。

能夠幸福的要點

人有能夠幸福的要點，若放棄要點就會不幸，那是自然法則。所以如果生活中不想要進步的話，只會一直墮落跟退化而已。心裡一定要堅強地想「今天要做比昨天更好的人」，另外為了達成幸福要開發知識和智慧。

一定要一直想「要變成更好的人」。要開發知識或智慧就要努力，要用頭腦。為了要實現這兩件事，就必須要「集中注意力」。反過來講，身體上已經有「集中注意力」再留意這兩件事情就能夠幸福。以前覺得不能做到的事情，不知不覺就能做得到。想要做某件事情的時候，不只是自己期待的範圍甚至會有比那個範圍更好的結果出來。不管任何事，只要有進步就能夠快樂。

美夢成真，充滿好事的「集中注意力」

「集中注意力」有很多好事情。自己的希望能夠實現，會帶給人喜悅及樂趣。

例如50歲或60歲的老人第一次學鋼琴，有「集中注意力」就能夠學得很好。一般來講要學鋼琴的話，4到5歲就要開始。從4到5歲小孩時期學一輩子鋼琴的人，當然彈得很棒。但是從60歲開始學鋼琴的人如果用「集中注意力」來練習的話，也能夠彈得不錯。畫圖，寫小說，或是演員都是一樣，有人超過60歲才當畫家，或著當小說家，或當演員。

大家每天都很努力工作或讀書吧！每天做的事情是不是很苦呢？有時候會「想要休息」「想要偷懶」。但是只要有「集中注意力」就不會感到痛苦。「集中注意力」真是寶貝。

例如工作或讀書等每一次很快樂地按時間做完該做的事情。每一次內心充滿活力，一直充滿幹勁，頭腦很活潑，會想到好主意。如果每天都是這樣子的話，人生就很有意義。

現在就要來解開「集中注意力」的秘訣。請理解原理後，自由運用「集中注意力」吧！

集中注意力秘密之① 不要在乎效率

大家聽到「集中注意力」時，會想「如果集中注意力就會有效率」，實際上是相反。事實上如果一直想到「能率，效率」時，集中注意力會消失，因為會心裡染污後，「集中注意力」就會減少。

例如學校的老師對學生們說：「要集中注意力，那樣才會更有效率。」就不會那麼順利，反而會使「注意力」不能集中。

大家會感覺不可思議吧？會認為有集中注意力的話，應該就會非常有效率吧？但是實際上一旦講出「請你集中注意力來讀書，就能夠一下子背得起來」「集中注意力的話，十分鐘內就能夠做到」的時候，「集中注意力」就消失了。

「一直考慮效率則集中注意力就會減少」，這是很重要的秘密。因為佛教以外任何宗教界都沒有研究「集中注意力」，誰都不會講這個真理。

集中注意力秘密之②　集中注意力就是快樂

「集中注意力」不是「提高效率」。那是什麼樣的東西呢?答案很簡單。「集中注意力」就是「快樂的事」。

請你記住:「集中注意力」本身就是快樂的事。不要管什麼「效率」,「現在做的這個事情是就很開心」,這就是集中注意力。跟「集中注意力就會變聰明」是有一點不一樣。不是那樣講,如果說「集中注意力就會有趣」、「會高興」那就正確。

例如有人很會做工作,能力充分發揮。那時候那個人工作很有效率,跟他工作上是否高興是不同的問題。社會上會講「那個人全心全力工作,超棒!」,但是佛教裡講「沒有集中注意力,只是用自己的能力賣力工作,不會開心」,也講「有集中注意力就會做得很開心喔!」。

「集中注意力」會很快樂

我要總結兩個祕訣。用「集中注意力」的時候，有不可說的話跟應該說的話兩種情形。不可以說的就是關於「能率，效率」的事情。另外應該多說的就是重視「快樂」的事。因為能夠讓人「快樂」就能夠提高「集中注意力」，就能夠培養集中注意力，這就是「集中注意力」的秘訣。

佛陀講「集中注意力」時，不太用「集中注意力」的用語。佛陀強調的是「快樂」。以「快樂」「喜悅」「喜」為中心，告訴人「有這種快樂的事情喔！」「另外也有這種快樂的事喔！」，告訴人「集中注意力」是多麼快樂。然後大家就會培養「集中注意力」。

快樂的不得了就是解脫之路

佛教的目標不是教人喜悅。佛教對「快樂」「喜悅」等感情不太有興趣，也不考慮給人家快樂或讓人歡喜的事。但是佛教在挑戰最終目標的解脫和不執著的過程中會感受到「快樂」「喜悅感」。序文也稍微提到挑戰解脫之路就是培養「集中注意力」之路。愈培養「集中注意力」就會愈提高「快樂」「喜悅感」。「集中注意力」跟「快樂」是一體的東西。

佛教就是「請你解脫」「請你不要執著」的世界。也說「在努力尋求解脫當中就會感到快樂」，完全沒有痛苦的世界，努力想要不執著的時候，就會變成「快樂的不得了的狀態」。雖然不是以「快樂」為目標。但是一定會讓人明顯「快樂」的就是佛教，「快樂」是很重要的。

充滿快樂的佛教

「用快樂來當亮點」是怎麼回事呢？用很簡單的故事來說明吧。

佛陀的親戚裡面有個兄弟是出家人。因為生為王子，所以在十分富裕的情況下長大。

出家後都是單獨一個人，在森林及各種地區生活。那個原本是王子的和尚在森林裡一邊走路一邊說「啊，為什麼這麼快樂呢？為什麼這麼快樂呢？」，就變成了他的口頭禪了。大家都知道那個人在出家之前生長的環境很奢華，所以大家以為他想起「以前在宮殿過的好生活在自言自語」才會講出「快樂」這句話。

大家那樣想是理所當然的事情吧！出家之前，在家的佛陀的親戚都是好命的王子。出家後變成孤單一個人，要靠托缽才有飯吃，晚上都在沒有房子的樹底下睡覺，看也知道是很貧窮的生活。因此還在一直講「快樂，很快樂」，大家當然會想「那個傢伙一定在想皇宮的生活才會說『快樂』或在幻想吧」！

這個事情佛陀也聽到了。然後佛陀覺得「那樣不好，要想個辦法來糾正」，就叫那個和尚到他面前。

佛陀問那個和尚「聽說你每天口頭禪講『快樂，快樂』，那是為什麼呢？」。和尚說「我的自言自語洩漏了。那確是從我嘴裡講出來的！」。然後佛陀再問「那，你在快樂什麼？具體的講講吧！」。於是和尚就如下回答：

「我在皇宮的時候二十四小時都被軍隊保護著，到哪裡都有侍衛跟隨著我。雖然侍衛每天跟隨著，我每天生活還是怕怕的。晚上都睡不著覺。現在的話，沒有誰保護我。一個人生活。但是心裡很平靜，一點也沒有恐怖感，晚上都不會有睡不著的精神問題，一直都過很平靜過生活」。所以看到樹，看到山，看到河，在河邊坐下來吃飯時候都一直會想「現在怎麼那麼幸福！」於是就講出「怎麼那麼快樂呢！」這句話。

換言之就是「現在心裡沒有慾望，沒有生氣，沒有無知，對任何事情都不執著。所以現在最快樂」。那個和尚講完了以後，佛陀在大家面前說「是的，就是那樣」。叫他來本來是「做得不好要想辦法糾正」，但是佛陀要糾正的是那些不曉得「快樂」本質而批評前王子的人，這就是告誡大家：「請不要誤解並抱怨到達這個地步的大阿羅漢」。

就像這樣，佛教的到達解脫之路是很快樂的事情。

世俗的快樂都是沉迷造成

我說「集中注意力」就是快樂，也說解脫之路是快樂，現在就來講什麼是「快樂」。

大家都知道的「快樂」與佛教裡說「集中注意力很快樂」「解脫之路是快樂」用語都是「快樂」，但是程度不一樣。

大家都知道某種程度的「快樂」。很多人覺得「快樂」＝「幸福」吧！有某種快樂就會說「我很幸福」。佛教裡講這個就是「被某種事情吸引（參與）就感覺快樂」。

像有人讀書就感到快樂，努力學做很多事就說「現在學做這個事情很快樂」。但是那些都是「被某種事吸引而快樂」的情形。

也就是說大家知道的「快樂」就是沉迷某個東西或行為得到的東西。看到美麗的東西時，對那個對象沉迷就會說「很漂亮」而感到快樂。吃到好吃的東西後，覺得「好吃」是因為沉迷在吃的東西的味道或那時候的氣氛而感到快樂。讀書後，覺得「這本書很棒」就會沉迷那本書而感到快樂。被那個對象或行為吸引覺得「快樂」的情形，快樂並沒有那麼深入，只是「一點點」的程度而已。

世俗的「快樂」帶來集中注意力有限

感到「快樂」的時候，「集中注意力」就會起作用。例如用讀書的例子來說，就是「因為快樂才讀書」。如果不快樂就不會想讀。換言之，讀不快樂的書就沒有「集中注意力」，讀快樂的書就會產生「集中注意力」。

所以說被對象或行為吸引住也有「快樂」，也會產生「集中注意力」。那麼，你們覺得那些東西一直去做就好了嗎？「無論如何只要做開心的事情，那就是培養集中注意力的方法」嗎？不，不是那樣子。

感到「快樂」，讀書得到的快樂有限，看風景或吃好吃的東西也一樣。講到讀書，就是在讀快樂的書當中會沉迷下去就忘掉時間一直讀書，很有集中注意力。雖然如此，感到快樂只有最先的幾次而已，不是愈讀愈開心，「集中注意力」就會愈來愈增加。另外讀同一本書當時的心情也會受影響，不管怎麼快樂又怎麼專心讀書，那個快樂也不會永遠持續，也不是愈讀愈有「集中注意力」，只有某種程度的「集中注意力」而已，就只是這樣子。

剛開始看到美麗的風景的時候會感受到「怎麼那麼美麗」的激動跟感動，就會很快樂，集中注意力去看風景。可是同樣的風景看幾個小時候，那個快樂會怎麼樣呢？會不會看愈久愈快樂呢？會不會增加「集中注意力」、毫無雜念地看風景呢？事實上不是那樣子。快樂只有最先的一瞬間而已，然後愈來愈無聊，集中注意力會中斷，就會想起其他事情。

世間一般的快樂也能夠培養不少「集中注意力」，但是不可能靠那樣就培養終極的「集中注意力」。

普通的「快樂」只是嬰兒般的程度

前文說過普通生活上能得到的「沉迷某事的快樂」程度有限，不會太長久。但是用佛教的方法來培養「集中注意力」，「快樂」的感情就愈來愈膨脹、愈加強，會一段一段地提高。

佛教裡面最好的「快樂」用語叫做「喜（Piti）」。佛教裡面用集中注意力鍛鍊法能夠體驗到的「快樂」，就是「喜」。你可想像那是怎麼樣的「快樂」嗎？活在世間的各位回想從前到現在最快樂的記憶，選了10件最快樂的事情（BEST10）加起來也不會達到一個「喜」。讀書得到的「快樂」也不會達到「喜」。用「喜」來比較其他的「快樂」的話，那些「快樂」就像嬰兒一般的程度。

被某事吸引，沉迷得到的「快樂」全都不能達到「喜」的最低程度。所以「集中注意力」也是到一定程度就不起作用。想要一直讀書來培養終極的「集中注意力」，那是不可能的事情。

看清是不是「貪、瞋、痴」很重要

雖然說到「快樂」＝「集中注意力」，但是「一直開心地做下去」的心態一定要小心。當然做快樂的事情就會發揮「集中注意力」，但是哪一種性質的東西會讓你發生快樂，必須要用理性來確認。如果那個快樂是壞的感情的話，就很危險。

在讀書當中感到快樂可能是好事，但是在快樂某某事時，那個快樂被壞感情污染就很危險。像「看這本書就能夠被女孩子喜歡」或「大家都在讀這本書，所以我讀看看」用這種心態去讀大家談論的書或著一邊想著「我想要買這個，買那個」的心情，開心地讀通信販賣雜誌的話，那個快樂就是受壞感情污染，讀的時候很快樂，但是不太會有好結果。

所以說遇到快樂，集中注意力起作用的時候，請檢查有沒有壞感情參雜在內？壞感情就是前面說的「貪、瞋、痴」。感受到「快樂」的時候，是不是與慾望，憤怒或者怨恨無知有關，請務必要確認。如果你的「集中注意力」與貢獻或奉獻，慈悲，理性，真理的發現有直接關聯的話，就沒有問題，看清楚這些是很重要的。

感動後要判斷是惡感情或是理性

佛教把「快樂」當成會出現解脫之路來研究，就像「快樂學」，可明確地分為：「壞的快樂」「破壞的快樂」跟「好的快樂」。明確地分類成這二種來確認。

例如要快樂就集中注意力去打柏青哥彈珠，這明顯就是「無知」，也可以講是「慾望」。不管打幾個小時，腦筋和人格都不會成長，只是變愚笨而已，變成沒有理性的「貪、瞋、痴」。這個說明夠清楚吧！那麼電影又怎麼樣呢？因為感情不是好東西，看了電影之後，人的感情會動搖，要小心一點。看電影的時候，心裡跑出來的感情是「貪、瞋、痴」呢？或者「不貪、不瞋、不痴」呢？一定要好好判斷。

因為感情不管怎麼樣的東西都是壞的，心裡跑出某個感情大部分都是壞的。但是電影也有很多種，「一個人努力克服困難，養育許多人」「不求回報的幫忙被欺負的人」等感動的故事就是「不貪、不瞋、不痴」。「啊，電影裏那個人沒有死真好！」或「解救大家的生命真好」的感動就不是壞感情。

相反地，如果那個劇情是「去美國的拉斯維加斯賭場，突然得到大錢變成大富翁」被這種故事感動的話，就是壞感情。賭博得到很多錢，從前到現在的苦日子馬上改變，而且以前分手的女朋友回來團圓很幸福這種電影，就是很齷齪的壞感情產物。人只去美國的拉維加斯也不會變成大富翁，那完全是沒有理性的作品。

不只是電影，如果被某個東西感動或發生某種感情時候，請你要確認那是「貪、瞋、痴」或「不貪、不瞋、不痴」。有點複雜，也可能會混亂，但是只要習慣冷靜去判斷是不是「貪、瞋、痴」或「不貪、不瞋、不痴」就有意義。

「貪、瞋、痴」會使自己往不幸的方向，是壞的。「不貪、不瞋、不痴」會使自己往幸福的方向，那是好的。「集中注意力」起作用時，也用這個基準來思考，不要讓有關「貪、瞋、痴」的「集中注意力」成為壞習性，請你要小心。

只為自己利益的東西不會開心

我說過「要小心貪、瞋、痴有關的快樂」，簡單來講，人想要去做必要的事，重要的事，或與幸福及成長有關的事都不會感到快樂，大部分感到快樂的都是「貪、瞋、痴」方面的東西。

事實是不是這樣呢？讀書不快樂，工作也不快樂，記下來就受用的難懂書籍也剛開始讀就想睡覺，做重要的事情也不快樂。反而是做無聊的事情，或做墮落的事情就是不必別人要求也會熱情去做。

小孩玩遊戲時會很快樂去玩，但是叫他去做功課就不快樂，所以就不太想做。遊戲不能得到什麼。做功課可得到知識，能夠培養耐性，能夠使自己成長，但是有用的東西就是不快樂。所以做功課的時候就不會有「集中注意力」，因為不快樂就不想做，變成惡性循環。

因為遊戲很快樂所以努力去玩，但是必須小心，該學的東西不去學，懶惰變成壞習慣，一生就墮落下去了。

不是說「快樂是壞事」。日本人比較喜歡吃苦，但是我不是故意強調要吃苦。感到痛苦就不會發揮「集中注意力」，不管怎麼樣，心裡染污就不好。保持「快樂」很重要。但是人對自己有利益的東西不覺得快樂，反而對墮落的事情感到快樂。請大家理解這點後，「好好用功」。

刻意營造快樂很重要

為了讓自己不墮落而能做「快樂」的事情，我們來想想各種技巧吧！例如想要讀書的時候，就想能夠「快樂」的技巧。

首先不是找快樂的書，要找自己能夠成長，能得到知識的書。但是對自己有用的書讀起來都不快樂，因此要讓自己刻意變成快樂去讀。

在念書的時候，刻意營造快樂，就想「現在快樂地讀數學的書」「快樂地解答習題」「挑戰讀法文，快樂地不得了」。但是事實上剛開始想要讀法文時候，最先不背動詞不行，要做的事情很多，稍微想了一下就討厭起來了。那種情形下，就用技巧來變成「快樂！快樂！」就好了。快樂的方法要自己去發現。

如何愉快地閱讀無聊書籍的例子

怎麼做才可以把很難又很無聊的東西變成快樂呢？我來介紹一個具體的好主意。

如果是本很難讀的書，但是無論怎麼樣都必須讀的話，那就啟用理性讓它讀起來有一點快樂。例如閱讀的時候，把那些內容從各種角度去看，把閱讀的內容一個一個做分析。

「這個原來是這樣的事情」「喔喔！這個看起來像〇〇的東西嘛！」「這裡從相反的立場來看，會變成這樣子」等等就像博士一樣的心情來分析。

接著把自己意見加上去看看，對於這本書講的內容，自己覺得怎麼樣？用坦率的心情想想自己感受到什麼？想想看要怎麼講等，就像一個人在玩的感覺，自由地思考。

還有想想看如果要把這本書的內容講給別人聽的時候，怎麼講呢？實際上是為自己讀書，並沒有別人叫你「教我」，但是模擬看看「如果用這個內容教人家的立場下，怎麼樣說明呢？怎麼樣講話比較容易懂呢？」用普通方法大聲朗讀他們也不會聽你的吧！一定要用有趣的例子快樂地解說。怎麼樣才可以讓別人記住我演講內容，這事很難，但是要一邊念書一邊思考這些問題。

在一直想那些問題當中就快樂地把書唸完了，而且很難的內容也記得很清楚。

這個時候要注意一點就是不要有「要趕快讀完」等，優先考慮能率和效率事情。那會變成義務感，那就會變成不快樂，「集中注意力」就會消失，這點在這章開頭就講過了。

不管怎麼樣，只要「快樂」讀的話，內容就會完全記到腦筋裡，愈來愈順利，結果會變成「哇！已經唸完了，也都清楚記住，效率真好！」。

總結快樂讀書的技巧如下：

① 從各種角度去讀

② 一個一個分析

③ 思考自己的意見

④ 如果教人家的話，怎麼教？

這樣的話，就會快樂。有很難習題的數學的書本或法文的複雜的動詞變化等，也能夠快樂地學習。

不只是書本，也可以用到必需做的工作上面，用這樣的技巧就能夠找出相當的快樂。

有挑戰精神隨時都會開心

工作也是一樣，要想辦法要讓自己能夠工作快樂。覺得「愈來愈不快樂」的時候就要想辦法找出快樂。不必找理由，無論如何就努力去尋找「有一點快樂」的心情。心情快樂，不緊張就可輕鬆工作，而且做得很好。「快樂工作就會變成散漫」是不可能的，因為「快樂」才可以確實做好工作。

例如為了完成很難的工作就用遊戲感覺來「挑戰」，心情就不一樣，就不會覺得討厭，就會感到快樂。能夠好好做完的時候，會感受到「做得很棒！」「很好！」，「快樂」就會把「快樂」送到腦部。因為「快樂」是腦筋的養分，就會愈來愈有幹勁。

不快樂，腦力就不能開發出來。不快樂，社會就不會進步，也不會成長，只會破壞而已。所以要好好找出快樂比較好，但是不可讓自己變壞，一定要找出對自己有用的事情。

做任何事情都開心地去做

本來大家的生活方式都很任性，「不快樂就不幹」。「對自己有用的東西都不快樂，所以不做」，人就是這麼任性的生靈。任性就任性吧！「不快樂就不做」就是人類的本性，所以並非忍耐著快樂的事情故意先做困難的事，而是用「無論做什麼都快樂」的方法去做就好了，也就是設法把「不快樂就不做」的任性改成「尋找快樂」。

重點就是「任性也可以」「做什麼都快樂」「用各種方法來找快樂」。也許你覺得「那樣的事情是不可能」，但是那只是年紀稍大、頭腦有一點遲鈍的人才會這樣想。小孩子的話，毫無困難就會說「沒問題。交給我吧！」。

帶小孩子到不好玩的地方，他們一下子就會找到樂趣。到達目的地不用一分鐘找到一點頑皮的事情就快樂起來。有洞能夠鑽就往那裡鑽進去，如果有一個地方能夠爬就會爬上去。就是這種精神。學習小孩到哪裡都能夠找到快樂的方式，大人們應該也是不管任何困難的事情都能夠找到快樂的。

一直「高興」是不可能的

「快樂生活」在培養「集中注意力」以及幸福生活上，都是很重要的事情。日語「快樂」這句話之外，另外感到某某好事情的時候有「高興」的用語。

覺得「快樂！快樂！」的時候跟覺得「高興！高興！」的時候有同樣效果。但是嚴密的研究語詞的話，「高興」大部分是對突然發生的事情的用語詞，所以很少發生，而且也不會持續很久。

能夠「一直在快樂狀態讀書」，但是「一直在高興狀態讀書」是不可能的。生活中也是一樣。能夠隨時「快樂」但是「高興」是偶發性的事情，所以不可能「隨時」。所以不必隨時「高興」，而是要隨時保持「快樂」狀態來生活。

超越「快樂」到達「冷靜」就解脫

「快樂」是腦筋的養分。「快樂」能夠開發腦力。世間沒有快樂就不能進步。也不能成長。沒有快樂的話，就會走上破壞之路。所以要好好找出快樂的事情比較好。要好好快樂的話，要找跟「吃的快樂」等完全不一樣的「快樂」，就是開智慧的「快樂」。前面講到智慧開發的主題，佛教也可以說是「快樂學」，對「快樂的種類」有明確的分別。禁止「壞的快樂」「破壞的快樂」，提倡「善的快樂」。

往「善的快樂」發展，就會愈來愈快樂。然後無論到哪裡都會快樂，到了頂點就會捨棄「快樂」，變成「冷靜」，變「冷靜」之後就達到解脫。這個順序不會亂。解脫之路是心裡成長的過程也可以說是腦筋開發的過程，那個過程最先會出現「快樂」。

有時候，雖然還沒有到達解脫的人，也會變成很冷靜的人。剛開始研習佛教的階段就會講「我一直都冷靜看待世間的事」「我對世間的事情沒有興趣」。這個冷靜看起來「很怪」，要小心。因為首先要有「快樂」。「快樂」到最高點才有「冷靜」，前面講的那種冷靜，不是真正的「冷靜」。

那麼在終極「快樂」之前的冷靜是什麼呢?事實上那是「無知」。「不關心和無知」看起來像冷靜。前面講煩惱的地方提到「貪、瞋、痴」的用語。「無知」就是「痴」，是壞東西，壞感情，這種只是做給人家看的「冷靜」很危險。

快樂地生活就會健康

我們日常中能夠感到「快樂」的原理只是腦細胞一點反應而已。沒有什麼大不了的反應。有時候會「快樂」到流眼淚，但是這種情形不多。普通說「啊!好快樂」，只是腦細胞中發生某種程度的反應。

因此感覺「快樂!快樂!」來生活是很重要的。如果一直快樂生活的話，身體會有影響。最先只是腦筋反應而已，但是感到很多「快樂!快樂!」的話，會超越單純的快樂感，身體也會起作用，也會減少生病，連老化的速度也會變慢。

佛陀推薦減少生病，老化速度平緩的「快樂生活方式」。佛陀推薦的就是比我們日常生活中腦筋感到一點的「快樂」還要更深的快樂。感覺「快樂」的方法跟培養「集中注意力」方法正好是一樣的。

第9章　禪定、集中注意力訓練法

培養「集中注意力」的卓越方法就是「三摩地（禪定）冥想」

佛陀為了讓人培養「集中注意力」，「快樂」過日子，推薦冥想法。那個叫做「三摩地（禪定）冥想」。「三摩地（禪定）冥想」就是能夠培養「集中注意力」的方法。

說到「冥想」也許就感覺是宗教的東西吧！你們知道日本的禪宗的坐禪冥想嗎？「坐禪」這句話在世界上廣為人知。不只是佛教徒、西洋的人也會挑戰坐禪。日本的坐禪跟信仰無關，誰都可以去實行。還有一般挑戰坐禪的人都想坐禪後能夠提高「集中注意力」。在禪寺坐禪並非單純提高「集中注意力」的修行，必須加以區別。一般人坐禪就是三摩地（禪定）冥想的一種。從這裡開始要說明使用三摩地（禪定）冥想來培養更強烈「集中注意力」的方法。

「冥想」是什麼樣的東西呢？現在簡單來說明。「把隨便動來動去的心停住」，就是「冥想」。就是「暫時冷靜下來吧！」的意思。日常生活中也會講「暫時冷靜下來」這一句，那是符合科學所做的正當方法論。「冥想」就是讓心裡冷靜下來的科學方法。

「冥想」是為了要心裡冷靜，所做的很單純工作。那個單純的事情如果跟「貪、瞋、痴」有關係就不好。所以跟「貪、瞋、痴」不要有關係，就想單純的事情。然後就讓動來動去的念頭停住，那個方法有很多種。

本來印度有無數種的冥想方法。在佛教裡，只選其中比較不會走錯方向，也沒有危險，會讓心靈成長的事做為冥想的對象。嚴選四十種冥想對象後確立「三摩地（禪定）冥想」。

普通我們在集中注意力時，也就是沉迷在「快樂」的事情時候，結果都是不幸的。但是對自己有用的東西都不快樂，也很難，完全不能「集中注意力」。所以要把意識集中到跟喜歡不喜歡感情不起作用的事。那就是「冥想」。接著再解說具體的方法。

用「冥想」培養「集中注意力」的方法

所謂「冥想」就是要練習讓心裡定下來用集中注意力做一件事情，是訓練「集中注意力」更加發揮的方法，所以一直持續下去當然就能夠培養本來的「集中注意力」。能夠體驗到愈強有力的「集中注意力」，之後就更加理解「集中注意力」，就會學到並且能夠控制。

進一步達到能夠控制「集中注意力」的程度時候，人格會向上，心靈也會堅強、智慧也能夠開發。例如看到或聽到某某東西時，或想東西時，每天基本的「集中注意力」的品質會完全不一樣，就是這樣把「冥想」當做幸福的秘訣來培養「集中注意力」。

只有佛教才有真正的「三摩地（禪定）」

在第7章講到「三摩地（禪定）」就是「集中注意力」。做「三摩地（禪定）冥想」

時，一直集中注意力到對象，心會進到統一的境界。以前心會往很多對象動來動去的狀態就因此停住。只會集中注意力到冥想的對象。自己正在認識某個東西時，主體跟客體的差別會暫時消失，到那個統一的境界就是三摩地（禪定）。

「三摩地（禪定）冥想」分幾個階段，那些階段就是「集中注意力」的程度。在日常生活的認知下，人們感受不到快樂和平靜。要做熱鬧事情，用那個刺激使日常的煩惱痛苦變成鈍感就有「快樂」的錯覺。音樂，跳舞，藝術欣賞，旅行等生活中會感到快樂是因為忘掉日常生活的痛苦。但是用音樂等來刺激，本來就是傷害心裡的行為，會讓人覺得很累。如果心裡統一的話，會感受到很深的「快樂」，「喜悅感」。跟日常生活的快樂不同，三摩地（禪定）的快樂沒有副作用。

接下來再詳細說明「三摩地（禪定）」的狀態。有一點請大家要注意，「真正的三摩地（禪定）只有佛教才有」。為什麼說「真正的」呢?因為佛教教人不要被宗教和信仰等主觀概念迷住，要用客觀角度來看心理的作用並加以統一的方法。佛教說的三摩地（禪定）的境界，從心理學的立場來看，每個人都能夠理解。

佛教以外也有做「冥想」的宗教。婆羅門教跟印度教也有冥想文化，從心理學的立場來看，那個冥想文化也沒有進步到哪裡。很多人知道印度教的瑜珈冥想。那個冥想分成「真我」跟「個我」的兩個概念。所謂真我就是有「絕對的魂」或「絕對的神」的存在。個我就是「個人的魂」。本來這些不是分成兩個而是同一個，因為個我受污染所以誤解是分成兩個，這個就是其基本的教法。然後用瑜珈來把真我和個我合成一體。但是要實行的人一定要信仰真我的存在。一定要信仰自己有靈魂。但是沒有人證明「靈魂的存在」，只能相信而已，這個不是心理學的理解方式。

如果真我和個我實際上不存在，只是人類的希望的概念的話，那只是幻覺和幻想的概念。用瑜珈體驗到真我一如感，那只是進到另一種的幻想而已。「體驗到本來的魂」的立場從佛教來看是緊守固定概念的作法。佛教推薦大家觀察實際的現象，然後去調查靈魂論是否成立。「我說有就是絕對有」的立場是信仰不是真理。用某種方法來操控心理來體驗信仰或幻覺，很難說是達到沒有副作用，真正的三摩地（禪定）狀態。

我們的心裡常常製造幻覺。「認識」就是心裡中把五感進來的資料合成「意」。普通看到一件東西時，一個人會認為「漂亮」，另外一個人會認為「很噁心」。心裡不是客觀認識資料，而是主觀去認識。主觀，是用自己喜歡，隨便的態度來認識，把「心裡的錯誤動作」放任不管，再用別的主觀來統一，那樣不能說是沒有錯誤的正確方法。不能說是科學又客觀的方法。所以說從心理學觀點教人培養心裡的方法就是「佛教的實行方法跟統一的境界」才是真的。

即使是幻覺如果心裡有一體感，也不能否定那個人會感受到幸福感，因為有一體感就能產生幸福感是事實。

例如用音樂，跳舞，瑜珈，真言（mantra）等等也不會出現真正的「三摩地（禪定）」，反而使理性下降。例如印度教用敲大鼓或其他聲音，念神，加上一直唱跳。一直重複念單調的詞。然後理性就愈來愈下降，會到達什麼都不想狀態，進入沒有自我意識的「三摩地（禪定）」狀態。

但是這個方法不能讓心變堅強。因為去掉理性，所以煩惱不會消失，智慧也不會開發。只能到達解脫的最高境界前面，假裝自我陶醉，自我滿足而已。

目標就是最好的「集中注意力」

請你不要誤會，不是不可聽音樂和跳舞，或做瑜珈和念真言，只是說那些都不會產生真正的「集中注意力」。

瑜珈也會讓你的心平靜下來，心裡跟身體的平衡感變好，心情舒服等好處吧！音樂和其他事也同樣。但是佛教推薦「三摩地（禪定）冥想」得到「快樂」和「喜悅」的領域不是那種程度而已，是想像不到巨大的「快樂」，用語言來說明也說明不完的奇蹟世界。

還有瑜珈，別的宗教的冥想的確是把很多固定概念，信仰，非科學的東西放在裡面。如果把固定概念放在裡面則心靈的成長有限。實際上我跟瑜珈的專家中的專家討論過，被神跟靈魂的信仰概念限制，心靈的成長只有一點點而已，真是可憐。

來探討看看世間聞名修行方法跟冥想的共同點吧。有很多規則，也有很多習慣性的東西。音樂，跳舞，祭典以外還有念真言，念神的名字，讚歎神等等很多修行方法。徹底地信仰修行幾年後就達到忘掉自我的境界是理所當然的事。這個忘掉自我的經驗用「神秘的體驗」或「覺醒了」或「宗教體驗」或「感到一體感」來說明就容易理解。簡單來說，長期一直做某種激烈的事就會忘掉自我，這樣就可以說明清楚。

這樣的方法產生的一體感有弱點，就是對那個沉迷的對象離不開。例如聽特殊的音樂就讓心平靜下來的方法。只有聽那個音樂的時候才精神集中，回到日常生活就沒有「集中注意力」。或者是做宗教祭典就會忘掉自我有一體感，祭典儀式結束後就覺得不安，回復到普通人。所以那些「集中注意力」是暫時的東西，只有做某種規則，習慣才發生的「集中注意力」而已。

但是人如果身上常常有高度的「集中注意力」的話，是不是比較好呢？在社會中整天有誘惑或困難，必須冷靜鎮定。遇到災難或不幸的時候，一定要冷靜鎮定對應。一年一次參加宗教的祭典時候，如果那個時候感到神的存在就滿足而感到幸福感的話，只有一年一次感受到而已，那樣對日常生活沒有幫助。

依賴某些東西，暫時感受到精神平靜的情形，佛教不會給予高度肯定。用心理的方法讓自己擁有高度「集中注意力」然後去了解「集中注意力」消失的原因，必須擁有常常保持冷靜的方法。

第10章　準備三摩地（禪定）冥想

準備①　「三摩地（禪定）冥想」的心理準備

那就開始來講用「三摩地（禪定）冥想」具體地培養「集中注意力」的方法。首先要開始「冥想」之前，有幾點每天要做的心理準備及必須把握的重點，順著來說明。

要實行「三摩地（禪定）冥想」之前，第一點就是必須要有心理準備，要讓沉迷五欲得到快樂的事暫時放下。

吃飯，看電影，行動得到的快樂，感覺的快樂，沉迷某種東西得到感情的快樂等等暫時都放開。

這個時候如執著五欲的遊戲，覺得「放掉有一點可惜」的話，不可能做佛陀的修行。佛陀的修行，是五欲遊玩的快樂無法倫比，是達到超高等「快樂」的方法，而且也是健康長壽，每個人努力追求的東西都能實現的方法，做了絕對沒有損失。

去除五欲之後每天的生活不會變黑暗，去除五欲之後將會得到高度快樂。

準備② 每天要調整基本姿勢

下一個要講的就是具體地培養「集中注意力」的方法論，首先請你實行下列三件事情。

① 停止不關心，要做關心的人

② 日常生活上不要製造「無聊」跟生氣，什麼事情都要認真有趣地去做。

③ 做任何事情不是「要做」或「不做」，要用「需不需要」的基準判斷。

①跟②就是第8章講到的例子——「想辦法把難解的書刻意變成快樂去閱讀」。

即使是有一點不喜歡，覺得困難的事也要想各種辦法用關心的態度，快樂去面對。

對於③就是跟「要做」「不要做」無關，最重要的是「有必要」「不必要」的問題，請你每一次要用這個為基準來判斷。絕對不可用自己的基準說「就是不想做這個」，那樣一來「集中注意力」就會消失。

準備③　培養「不關心」

培養「不關心」是什麼樣的東西呢？也許會覺得跟前面準備②有矛盾吧？這裡講的是「對感情的事情或不需要的東西不關心」的意思。就是「一邊培養理性的『關心』一邊培養對感情的『不關心』」。

如果自己的偵查天線有感應到什麼的話，請你查查看。要判斷有沒有關於「貪、瞋、痴」事呢？有沒有感情性或有沒有用的事情呢？如果是關於感情的事情的話，請你起動「不關心」。跟「關心」一樣，這也是「集中注意力」。

也就是說：如果是對自己有必要，會讓自己成長的事，即使真無聊的東西也要提起興趣去做。同時如果是很快樂的事情，但是不是自己必要的東西時，就要變成不關心。這就是「關心」跟「不關心」的重要分辨方法。例如自己決定說「今天要讀這本書」，人家邀請你說「有好看的電影一起去看吧！」的時候，要不關心地拒絕。

再舉個簡單的例子吧！小孩在教室裡聽課，上課當中聽到路上有抬神轎繞境的聲音。小孩們會怎麼樣呢？上課中的小孩們的集中注意力瞬間會消失，大家都會向窗外繞境的神轎看過去吧！「喜歡音樂跟祭典」就是感情性的「關心」。小孩玩遊戲比讀書還要有集中注意力是同樣道理。這時候想要培養「集中注意力」的人，對感情的（繞境的神轎）要轉變成「不關心」然後，必須努力對必要的事情（上課）保持「關心」。用這樣的方法就能夠培養「集中注意力」。

準備④　培養理性

培養「集中注意力」的重點就是「培養理性」，理性可斷言就是「做好事」。理性不是胡說八道的事情，還有理性是不可讓壞事正當化。

「培養理性」不要想成很困難的事。簡單來說就是從實際資料來思考、判斷事情，要小心，不要感情用事，就是這麼回事。

用理性來判斷的話，可以很清楚看出社會上的有趣的事，會很快樂。會很了解廣告心靈控制實況及歪裡歪論，也會知道宗教教義的矛盾點，能夠清清楚楚地理解世間的事，也能夠了解全能的神的想法是不值得討論。

用邏輯方法具體去觀察事情，理性就自然會出現。理性是正確而有趣的東西，人有理性就會很有集中注意力。

「三摩地（禪定）冥想」的心理準備就是要丟掉五欲，用理性就能夠簡單丟掉。請你不要用感情，也就是不要隨著慾望或衝動來行動。追求美食只是浪費，外遇也不可以。每天為了紓解壓力就喝酒到酩酊大醉的話，壓力反而愈來愈大、愈遭糕。腦筋清楚來想就會完全了解。包括「每一次每一次總是不小心去做」的事情，自己每天用理性來思考，來處理，請用理性為基準來生活吧。

第11章　三摩地（禪定）冥想法的實際例子

所謂三摩地（禪定）是……

「三摩地（禪定）冥想」有慈悲冥想，呼吸冥想，無常的觀察，不淨觀等，有很多種方法。當觀察、思考、念某種東西時，有個共通點就是要離開「貪、瞋、痴」。讓思考的大風大浪消失。沒有思考的大風大浪，就能夠冷靜思考一件事情，馬上就會產生「集中注意力」。有「集中注意力」就會很快樂。這就是「三摩地（禪定）冥想」狀態。

我推薦「三摩地（禪定）冥想」給大家，現在一個一個來介紹吧！

冥想法① 念佛冥想

「念佛」就是用字面來看也知道念「佛陀」。冥想的對象就是佛陀這一位道德，智慧，完全的，具體的人物。集中注意力到那個人格高尚的人物上面，心裡就會愈來愈清淨。這是佛教才有的冥想方法，其他宗教也有念「神」的方法，把對象的「神」改成念「釋迦摩尼佛」。

用「神」來當冥想的對象不好。如果對象是「神」，那是唯一絕對的神，人類無法具體想像出來。用「神」來做冥想的對象的話，會從主觀一直集中注意力到幻想上的存在。本書已經講過很多次，心裡很脆弱，所以往往會被心靈控制。相信不存在的東西，以那不存在的東西做冥想之後，就會出現不存在的體驗，一定要小心。

在日本說到念佛就是念有名的「南無阿彌陀佛」。但是「阿彌陀佛」並非具體存在，所以不能做冥想的對象。

那要用什麼來念呢？念釋迦牟尼佛這個人也不錯，但是在上座部佛教（南傳佛教）裡說念佛陀的「德」。在佛陀的許多「德」當中，選擇自己能夠理解的去念。最有名的就是唸「佛陀的九德」中的一個。

去念佛陀個人修行達到的德，集中注意力到那個德的世界。如此一來，當然會有「集中注意力」，實行者的人格也絕對會提升。

念佛冥想的例子——「天人師」

現在要介紹念佛冥想當中很簡單、很容易做的方法。就是念釋迦牟尼佛的德之一的「天人師」冥想。一邊觀察釋迦牟尼佛的德，一邊念「釋迦牟尼佛是神跟人之間的偉大導師」。用具體的句子來念就是「佛陀就是天人師，佛陀就是天人師」。但是如果只是這樣念跟誦唱真言沒有兩樣，這樣子不行。因為佛教的冥想不可缺少理性。

所以挑戰這個冥想的人首先要想為什麼佛陀是天人師呢？那個證據是什麼？查查看吧。因此就會去讀經典，佛典等。如此一來，就能夠了解佛陀講道絕對是講給別人聽的。也可以發現經典記載著無論道的內容有多難，聽眾都能理解的情形。有時候也有某人正面提出跟釋迦牟尼佛不同見解的情形。但是釋迦牟尼佛會很簡單、微笑地指出對方主張的錯誤並開示真理。釋迦牟尼佛被人家提出不同見解的時候，絕對不會有討厭或者失敗的心情。最後一定會讓那個人走上修行佛道的路。可以發現佛陀有引導人的能力，我們俗人無法想像的偉大能力。還有許多經典寫到「跟眾神對話」。如果念那一本經文就可發現釋迦牟尼對神的問題也能回答得很好。讀那一本經的人會欣然贊同「釋迦牟尼佛真是天人師」，然後就會念佛陀的德。

一直念下去後，心裡對釋迦牟尼佛的尊敬和信仰提高。然後對「天人師」這句話的真正意思就慢慢會了解，就會確信「只有釋迦牟尼佛才是天人師，生命之師」，對於釋迦牟尼佛說的事就能夠確實地理解。

人本來會徹底抗拒釋迦牟尼佛教導的「無常、苦、無我」觀念，心裡就不會再抗拒，就會接受了。到這個程度心裡就已經提升了。「集中注意力」的程度也從一般程度的「集中注意力」提高到通往解脫之路的高程度「集中注意力」了。

念佛冥想的例子——「世間解」

現在已經介紹九德之中的幾個了。實行冥想的人可以選擇你喜歡的冥想方法。上座部佛教（南傳佛教）國家的人最先都會去實行阿羅漢的美德。因為他們想要達到悟道的目的，所以選擇容易實行的項目吧！

還有一個想要介紹的德就是第五項的世間解（lokavidu）。意思就是「世間的事情全部都知道」。所謂世間就是生命的事情。世界上許多宗教都是根據迷信來講人的事，那跟事實完全不符合。世界上的宗教對別的生命體不關心，但是讀佛經時就知道佛陀有講到生命的事情。佛陀為我們分析生命。所以如果了解佛教的話，就能夠了解生命。佛陀說不管是神，或是人，或者別的生命體都是由五蘊構成的（五蘊就是構成身體的五種要素，即色蘊——身體，受蘊——感覺，想蘊——概念，行蘊——感情、衝動，識蘊——認識、心）。這個見解無法反駁，真是世間解。如果能夠理解這點的話，從九德之中選擇第五項（世間解）去念也好。

理性鍛鍊則心也會向上

這個就是一般知識人學習佛陀教育的情形。想要學習的話，一定要選擇從初級佛教經典開始。有一些書本的上面的標題寫說是某某經典，但是那些都是釋迦牟尼佛進入涅槃之後的書本，所以都是利用釋迦牟尼佛的名字寫的別人的作品，不是佛陀講道的東西。一般人寫的作品當然都是不完全的東西。而且各式各樣的人的想法或見解都不同。所以後來寫的經典類的東西有可能沒有共通性或相關性或找不到一貫性。可以當作知識份子的論文來讀是沒關係，但是如果當成佛陀講的經來讀，會陷入混亂。因為讀那些論文後，可能誤會一大堆矛盾或不知所云的東西是佛陀講的。所以知識份子要學佛的話，只有從初級佛教經典來學習。這樣就能夠發現釋迦牟尼佛講經說法從頭到尾講的都合邏輯又有整合性。

可以挑戰釋迦牟尼佛，試著反駁看看。就可發現「無法反駁」。這樣了解佛教後，一定會驚訝跟感動。例如念釋迦牟尼佛的教導時，就會驚訝他講得太正確了。我學習過程中常常感動說；「這麼難的題目，回答得這麼十全十美」「沒有不必要的句子，也沒有不足的句子，敘述得很好」「在這裡應該強調的句子就一定會強調，真是超好！」。這個念佛方法，這些感動或驚訝的反應會讓人心向釋迦牟尼佛。接觸到釋迦摩尼佛作品的人們就會變成粉絲。

這樣從知識的角度去探討時，第八章講的「刻意設法快樂」十分重要。那時候就會發現愈了解佛教之後，確實人格會成長，心靈跟「集中注意力」都會增強。

冥想法② 念法冥想

「念法」的冥想對象就是「釋迦牟尼佛的教導」。「念佛」的方法就是要集中注意力到「釋迦牟尼佛這一個具體的個人」或者「釋迦牟尼佛的德」，但是這個時候要把焦點放到「教導」。上座部佛教（南傳佛教）講到「念法」時，代表性的對象就是「法的六德」。這裡要介紹一般的社會生活當中的人能夠簡單做到的方法。

剛剛講到「念佛」的方法之一從知識角度去探討，試著用「念法」來研究佛教看看。研讀佛經的時候，要練習把所有的事情都用佛教的觀點去思考。例如看到某種東西，或聽到某種東西時候，用佛教的基本思考方法來看世界，然後腦裡念「這裡我不存在。只有色、受、想、行、識而已」。

另外也可以念無常的事，認為「這個世界的事全部都是不斷地一直變化的現象」。或者從釋迦牟尼佛所教的觀點來觀察，每天社會上發生的事件，這也是「念法」。

那時候不完全理解教義也沒關係。就是練習什麼事情都用佛教思想來「看」世界。隨著對佛陀教育的理解就可以提升心靈，也可以培養「集中注意力」。

冥想法③ 不淨觀與死的冥想

跟「念法」有一點相似，但是只有佛教實行「不淨觀」跟「死的冥想」。「不淨觀」的冥想對象是對自己的身體徹底地念「這個身體很臭，髒得不得了」。

這是什麼意思呢？我們覺得自己的身體是最美又最清淨。當然常識上不會講出來，但是心裡面會認為「自己的身體最漂亮」。然後對別人的身體如果喜歡的人就說是清淨，不喜歡的人就說身體很髒，真的很過分、沒有理性。

人在生的時候，沉迷在欲望，生氣，嫉妒，憎恨中，跟人爭鬥是因為心中覺得「我的身體是最清淨，絕對要保護自己」。那就從肉體外來觀察看看。當做別人的身體來觀察看看。看別人的身體裡面（跟醫生或研究者不同）時不管怎麼樣喜愛那個身體都會感到很噁心。然後就會理解說「原來是由這樣噁心的零件構成我的身體，所以威風，生氣，或看輕別人的心情真是無知」。這個方法會使心變清淨，並且會提高「集中注意力」。換言之，破壞心的集中注意力的煩惱就會減少，「集中注意力」就自然產生。

「死的冥想」是徹底地念「自己是一秒一秒地死去，沒有一秒是『我活著』的情形。只是在死的過程而已。只是在死、死、死的流程中活著而已」。這個冥想就是為了把自認為「我不會死」為前提的愚蠢生活方式改變成「誰都會走向死亡之路」的現實的生活方式。以不切實際概念為前提來生活的通俗世間人才會生活在混亂跟煩惱痛苦中。把騙人的概念換成事實後，心裡自然會冷靜下來，心裡的污染就會消除，就會出現「集中注意力」而且二十四小時也不會變化，一直保持下去。

「不淨觀」，「死的冥想」都是佛教本來的冥想。關於「我逐漸死去」等想法在僧伽（Sangha）新書「逆向感覺」裡有詳細解釋。培養「集中注意力」的效果跟「念佛」「念法」是一樣。

冥想法④　念僧冥想

下一個講「念僧」。佛教的三寶叫做「佛（佛陀）」「法（佛經）」「僧（僧伽）」。皈依這三寶的人就叫佛教徒。所以冥想法裡面當然要有三寶在一起。

一般來講「念僧」就是有「僧伽的九德」，選擇其中容易懂，或者選擇心裡有感應的德去念。在這裡我要推薦我自己實行的特別方法。

前文介紹過「享受佛教的要點」的故事，那時提到一位「阿羅漢」。「阿羅漢」是達到悟道最終階段的偉大和尚。經典中常常會提到阿羅漢，研究佛教時就觀察「阿羅漢」們，這就是我要推薦的「念僧」。

大阿羅漢有八十個人。讀經的時候，選擇裡面最能夠容易了解，最有親切感的一位阿羅漢徹底來學習。他做了什麼樣的修行？他講了什麼樣的道？他怎麼樣生活？總之撤底去研究看看。那樣認真去讀的話，阿羅漢會在你的心裡出現。就在自己理解的範圍內，心中會引進大阿羅漢，這樣的確會讓人格提升。「集中注意力」也會增強。

我選擇大阿羅漢裡面的被稱為「智慧第一」的舍利佛尊者。大家都知道般若心經出現的「舍利子」就是舍利佛尊者。我的性格跟他好像很合，在讀經的時候，舍利佛尊者的思考方法或想法或生活方式都會浮現在我心中。

努力學習後，對舍利佛尊者的偉大常常感動得流眼淚，那樣徹底學習之後自己的人生就調整到像舍利佛尊者一樣的做法。我很了解舍利佛尊者，所以被人家問起某些問題的時候，好像跟舍利佛尊者合為一體一樣，一下子就會想到「啊！這時候舍利佛尊者會這樣回答吧！」念頭就會出現。

關於大阿羅漢悟道的故事在經典或注釋的書本中都有。另外讀中村先生翻譯的「佛弟子的告白」，「尼僧的告白」等書後，就會被他們的人格感動，心變清淨，這也是很好的「念僧」。

冥想法⑤　念神冥想

不是佛教獨自的東西，也有從別的宗教借來做三摩地（禪定）冥想的「念神」方法。叫做神的觀察「devata-anupassana」。當然「念神」這句話是後來再做出來的用語，那就是念「神」的冥想。

印度教的巴庫地瑜珈就是念神的冥想。與約翰雷儂一起灌錄唱片聞名的哈列庫利斯納教也是實行印度教「念神」的宗教團體。那是用音樂或跳舞的冥想法，但是那些不是佛教推薦的冥想法。前面說過，念「神」的時候，必須注意的事情，佛教會考慮內容的安排，不要有危險性。

佛教是怎麼樣念「神」呢？就是念「眾神」。就念「眾神到處都有。這個房間裡也有，看不見的地方也有」。這個就是要讓心裡瞭解「每一次自己所做的事情或本心，神明都知道」。所謂眾神就是做善事，結果就轉升為比人的次元更少痛苦，更多快樂次元的生命體。那些神明做善事的功德用盡時候也會死亡，再轉生到別的地方，沒有絕對的神，也沒有不死的神等等。

「念神冥想」不是要信仰眾神。相反地是「要讓神明感覺我的心」「我想的事情，做的事情，我瞞著別人假裝做善事的事情都會被神明看破」。然後會認為「我不想要被神明討厭，不要偷偷摸摸地做壞事情了」。

自己警告自己說「不可作怪，不可有壞念頭」，那就是「念神冥想」。跟念「哈列喇嘛哈列庫利斯納」的印度教的冥想斷然不一樣。那個真言的意思就是「萬歲喇嘛神，萬歲庫利斯納神」（喇嘛神跟庫列斯納神都是神）佛教反對念咒文來體驗神祕製造幻覺。佛教徒的「念神冥想」就是為了保持心清靜，只不過像警察在監督的概念而已。

把容易被心靈控制的心裡機能轉用到提高人格方面。就製造一個覺得「神明真的存在」的情形，來控制自己的言行或本心。如果這個徹底實行的話，即使想要做壞事也不會去做。想到「隨時都有人會知道心裡念頭」，就不敢做壞事情。「我被人監督著」也不用怕。這樣就可以好好自己管理自己了。

人很脆弱，不想要生氣，也會生氣。不想要想貪心，但是還是會貪心。但是想「神明隨時都在看著我的心，就可以保持心的清淨。也會鼓勵行善，做了人家也不知道，也沒有任何回報的善事，認為神明會看到」就會去做。

心保持清淨，人會一直走向幸福之路。心會變堅強。做壞事時心會亂。只要心存惡念。怎麼想要「集中注意力」也不會出現。「念神」的時候，就不會去做壞事，自然會出現高程度的「集中注意力」，自己的心裡就會統一。

神秘體驗是幻覺

剛剛講過念「神」的時候，不能念「偉大的神，絕對的神」。因為絕對的神是騙人的，所以用騙人的句子來念的話，會體驗到騙人的東西。人的心容易被暗示，所以會出現實際上沒有的幻覺。那個就是幻覺。但是體驗到的人就像是夢裡面不能分辨是夢一樣，不能區別事實跟幻覺。有「跟神合為一體」等神秘體驗後就好像知道終極真理一樣，覺得很美好殊勝。

因為「絕對神」等幻覺會讓人感到十分逼真，所以請了解用空想的東西為冥想對象是很危險。

甚至發生不可思議的事情也要冷靜

用具體的東西，現實的東西做為冥想對象的話，如果冥想順利也會感受到一種「不可思議」的事情。例如做冥想後，就如願地提高了「集中注意力」，那個人的認知就會完全不同。那個人對於普通聽習慣的聲音就會聽得很清楚，平常看到的牆壁也會看起來很明亮，很小的聲音聽起來也會像打雷的聲音，很多事情會發生。

但是那些跟幻覺不一樣。那是自然的現象，因為加強「集中注意力」，那些以前眼睛看到的東西變成像用高倍率望眼鏡來看一樣清晰。請你不要以為「自己的頭腦怪怪的」，如果那樣想就會往那一方面去。

本身的神秘體驗是有可能的，但是如果那是真的話，就解釋為自然現象。如果體驗到很不可思議的事情，請你不要太在乎。如果很得意地說「我體驗到神秘」「自己覺悟了」，從此就不能上進，說不定就會被引入奇怪的世界，這些要特別小心注意。

佛教的冥想是三摩地（禪定）與毗缽舍那（內觀）

三摩地（禪定）的冥想法是釋迦牟尼佛以前印度就有的冥想法。釋迦牟尼佛用心理學來分析禪定，認為與宗教和信仰無關，誰都能夠實行。瑜珈的冥想是隔了很久之後印度教才有的。

禪的世界有一句話叫做「止觀」，「三摩地」就是「止」。跟「三摩地（禪定）」相對，解脫的冥想法「毗缽舍那」，就是「觀」。佛教的冥想法大致可分成上述二種。為了要做「毗缽舍那冥想」，就要暫時停止「三摩地冥想」，回到普通的心才再開始毗缽舍那。反過來講在禪定狀態當中就不可能做「毗缽舍那冥想」。所以先做禪定冷靜下來壓住煩惱後，再去做毗缽舍那冥想就很容易進去。

第12章　禪定的境界

佛教的冥想到達三摩地（禪定）狀態是……

前一章講的「集中注意力鍛鍊法」你們覺得怎麼樣呢？那些都是理解「佛教的世界」＝「這個世界真理」的事，集中注意力到釋迦牟尼佛或者稱佛陀的教義，或者大阿羅漢，其中任何「一個對象」都一樣，請努力試試看吧！

藉著「三摩地（禪定）冥想」，就能夠冷靜思考一件事情，然後比較容易產生「三摩地（禪定）狀態」。所謂「三摩地（禪定）狀態」就是前幾章多次重複強調的無限「快樂」狀態。

三摩地（禪定）的「快樂」不只是腦筋的反應而已，全身感到「快樂」「喜悅」就是三摩地（禪定）的最輕第一階段，也可說是「身體裡面沒有不快樂的地方」。

這一章要講的就是禪定狀態是什麼樣的東西。禪定狀態全部有九個階段，本書只介紹前面的四個。

第一禪定　就像泥土丸子的水一樣全身充滿快樂

這個就是最初的第一禪定狀態。

「三摩地（禪定）」的快樂是從一般的生活中得不到的程度，要實際體驗才能了解。我用釋迦牟尼佛一個很容易懂的比喻來解釋。釋迦牟尼佛的比喻說：就像用水攪拌泥土做成泥土丸子。

泥土丸子是把土用水攪拌來做成丸子。那個泥土丸子當中，有哪裡沒有水的地方呢？沒有任何地方沒有水吧！全部都有水才能夠做成泥土丸子。用三摩地（禪定）冥想得到的「快樂」就像泥土丸子裏面的水一樣，快樂充滿全身任何角落的狀態。稍微一點「集中注意力」就能夠讓全身感到快樂。

其他宗教說這叫梵我一如狀態。有人說是「完成了瑜珈」「體驗到真理，個我，幸福」，那些都是進入第一段禪定的表現。

第二禪定　只感到心在轉動的寧靜快樂

第二禪定就是知識和想法不會起作用，只有心在轉動。那會非常「快樂」，會有「喜悅感」及「集中注意力」。釋迦牟尼佛用湖來做例子。

例如有一座湖東西南北都沒有水流進來，又沒有下雨，那個湖的水無論什麼時候都是一樣涼快。進到第二禪定的階段感受的快樂就是這樣。比較泥土丸子的水跟湖的水就能夠了解到第二禪定有更多幸福感。

第三禪定　完全被快樂控制

在第三禪定，「快樂」的程度會達到完全控制人的程度。隨著「三摩地（禪定）」的進度，快樂的程度會提高。

會感到「快樂」隨便走動一樣，自己被快樂控制的感覺。已經不像一般人心裡感到「快樂」的程度了。自己已經被「快樂」打垮了，那種「快樂」的能量很大。

對於第三禪定的「快樂」有這樣的比喻。涼快的巨大湖中有蓮花盛開。請你想像尼泊爾山中的湖，一座巨大涼快的湖。那個湖裡的蓮花開了，水中的蓮花愈來愈大。完全盛開的蓮花全部連著水面。巨大的湖就像「快樂」的水全部在稱讚蓮花一樣，蓮花被水包圍起來，蓮花就完全存在快樂的水裏。花是自己，巨大湖的清涼水就是「快樂」，換句話說就是快樂升高到那種程度。

我們現在體驗到的「快樂」其實只是很小的東西，腦裡微妙的微笑的程度就結束了。如果好好培養「集中注意力」的話，那就不只是那樣的程度而已。快樂會變成巨大的湖，然後自己的存在會變成很小。

第四禪定　超越快樂到達冷靜

第三禪定已經到達快樂的最終階段。那麼，更厲害的境界是什麼樣呢？那是第四禪定。超越快樂，會變冷靜。那個變成冷靜的狀態，釋迦牟尼佛用簡單的比喻來說明。

在很熱的夏天，人到清涼的湖洗澡，然後到涼快的地方去蓋著白布睡覺。這個時候，從頭到腳全部都被白布蓋著睡覺。就是那人的身體全部都是被白布覆蓋在身體上面的狀態。但是睡覺的時候不會感覺到「白布蓋在身體上面」，連「自己的存在」也沒有感覺。

連「自己存在」的煩惱痛苦也沒有，變成冷靜狀態。沒有幸福感，也沒有什麼感覺，只是冷靜。不會感到快樂或痛苦，只是單純的「存在」的狀態。

心理到達這個地步的時候，「集中注意力」就像字面上描述的一樣「什麼事都做得到」。已經超越三次元，所以對物質的東西都能夠自由自在控制，那個時候如果想要的話，心裡已經到了可以培養神通的狀態。

懂得三摩地（禪定）後生活幸福

「不想再轉生」「要脫離輪迴」也就是想要解脫的話，一定要做「毗缽舍那（觀）冥想」。但是要在世間走向幸福、成功之路的話，「三摩地（禪定）冥想」很有用。光是第一禪定的階段就會感到工作上快樂無比而且工作做得好，隨時心裡都光明開朗，有家庭的話，大家都會能夠微笑地生活。

集中注意力就是快樂的真理

被人家講「請你集中注意力」時，就給人家臉色看，其實是不對的。這樣你們都了解了吧！「集中注意力」＝「快樂」是真的。沒有「集中注意力」的人就是因為不了解集中注意力的用法，用感情去努力，按照本能或隨著感情來生活。

認為只要有「集中注意力」就能夠做很多工作，那時在心裡起作用的就是貪欲。貪欲會讓心裡引起混亂，會讓心裡變軟弱。就像認為有「集中注意力」，就會贏過別人，會得到冠軍，那時是把別人當敵人，生氣的感情起作用。生氣會讓自己擁有的一點點精神力也破壞掉。如果有「集中注意力」的話，工作會做得好，也能夠得冠軍是事實。但是慾望、生氣、嫉妒、仇恨等都是「集中注意力」的敵人。

本書介紹過簡單培養「集中注意力」的方法，並且說明如何一整天讓心裡都保持「集中注意力」的方法。那些都是極其簡單易懂，也就是「請你心裡要清淨」。

換言之，心裡的污垢，要設法去除掉。根據佛教心理學說明了高等「集中注意力（禪定）」，但是要達到那個地步必須做「冥想修行」。日常生活中要做念佛，念法，念僧，不淨隨觀，死隨觀等冥想才能夠達成，才可產生牢靠的「集中注意力」。與其期待讓大家驚訝的神祕體驗不如根據理性得到精神的安定感比任何東西還有用，這點請你們要了解。不管發生任何事情也不要慌張，保持冷靜，用冷靜來判斷事情，心裡不要陷入煩惱痛苦，經常保持明朗快樂，是比得到神秘體驗還要厲害的能力，那個能力誰都能夠培養的。

為什麼眾人不會出現神秘體驗？為什麼神只會跟有一些人講話？文獻中記載一些預言者的話，用客觀來看只能說是精神上有問題。變成精神異常者不如變成冷靜的人比較帥。

自稱有通靈能力用來嚇唬無知的人，那是無法肯定的行為。自己認為比別人優秀就炫耀優越感的人是精神不正常，事實上誰都可以做得到。

如果人有那種願望的話，誰都能夠做得到，關於打破心裡幻覺的「集中注意力」，我再補充說明一句，如果大家理解「集中注意力」就是快樂，就是心靈的平安，我就非常高興了。

著者簡介

蘇曼那沙拉（Alubomulle sumanasara）

斯里蘭卡上座部佛教（南傳佛教）長老。1945年4月在斯里蘭卡出生，斯里蘭卡佛教界的長老，13歲的時候出家得度，在國立Kelaniya大學教授佛教哲學，1980年到日本駒澤大學博士班進修後，現在在日本上座部佛教協會從事初期佛教的傳道及冥想的指導，並擔任朝日文化中心講師，參與NHK教育電視台「心的時代」等節目的演出。其他著作有『佛陀的實踐心理學』、『不生氣』（這兩書都是僧伽出版社發行）『原譯「法句經」一日一悟』（佼成出版社）、『佛教是心的科學』（宝島出版社）、『佛陀的幸福論』（筑摩書房出版社）等等。

其著作中譯出版的書有：「感受『無我』的自由：蘇曼那沙拉幫助現代人深入理解『無我』，離苦得樂必備之書」、「佛陀教你『九成的煩惱都是錯覺』套書」、「佛陀教你不生氣：心平氣和的幸福生活智慧」、「佛陀教你不生氣2：擁抱幸福、自在喜悅的人生大智慧」等等。

日本上座佛教協會 http://www.j-theravada.net/

譯者簡介

朱永泉

1988年在台灣出生。台北市立教育大學英語系肄業、私立開南大學應用日語系畢業，就讀私立開南大學應用日語系碩士班時，到日本松蔭大學交換留學一年。碩士班的研究題目「台灣・日本家庭教育相關作品之比較—以『海螺小姐』與《弟子規》為主—」（台・日家庭内における教育的作品の比較について—『サザエさん』と《弟子規》を中心に—）。曾任職旅行社，現從事翻譯工作。

國家圖書館出版品預行編目資料

佛陀教你集中注意力的秘訣 / Alubomulle Sumanasara 原著 ; 朱永泉譯. -- 初版. -- 臺北市 : 鴻儒堂, 民108.04

面 ;　公分

ISBN 978-986-6230-41-7(平裝)

1.佛教修持 2.生活指導

225.87　　　　108003773

佛陀教你集中注意力的秘訣

定價：200元

2019年（民108年）4月初版一刷

著　　者：蘇曼那沙拉

譯　　者：朱永泉

封面設計：盧啟維

發 行 所：鴻儒堂出版社

發 行 人：黃成業

地　　址：台北市博愛路九號五樓之一

電　　話：02-2311-3823

傳　　真：02-2361-2334

郵政劃撥：01553001

E-mail：hjt903@ms25.hinet.net

鴻儒堂出版社設有網頁，歡迎多加利用

網址：http://www.hjtbook.com.tw